Georg Haddenbach

Das Super HOROSKOP

nach chinesischer und abendländischer Astrologie

FALKEN VERLAG

Wer sich noch intensiver mit der chinesischen und abendländischen Astrologie befassen will, findet Charakteristiken der Tierzeichen in den im selben Verlag erschienenen Büchern „Die 12 Sternzeichen" und „Die 12 Tierzeichen im Chinesischen Horoskop" vom selben Autor.

ISBN 3 8068 0465 6

6272 Niedernhausen/Ts.
Zeichnungen: Till Gött
Druck: Offset-Team Zumbrink, Bad Salzuflen

817 2635 4453 6271

Inhalt

Vorwort

Die Astrologie des Abendlandes stammt aus dem vorderen Orient. Vor Jahrtausenden wurden sie von Priestern als religiöses Geheimnis gehütet, später als Wissenschaft wie die Astronomie gelehrt. Noch Johannes Kepler (1571-1630) und Galileo Galilei (1564-1642), denen wir die Erkenntnis verdanken, daß der Mittelpunkt unseres Planetensystems die Sonne ist, stellten Horoskope gleichberechtigt neben ihre weltbewegenden Forschungsergebnisse. Sie betrieben wissenschaftlich abendländische Astrologie, die davon ausgeht, daß ein astrologisches Jahr in 12 Tierkreiszeichen aufgeteilt ist, aus denen sich zwölf verschiedene Menschentypen ergeben.

Auch die 5000 Jahre alte chinesische Astrologie teilte die Menschen in zwölf verschiedene Charaktergruppen ein. Sie werden jedoch nicht wie bei uns nach Monaten, sondern nach Mondjahren gedeutet, die im Laufe der Jahrtausende unseren Sonnenjahren angepaßt wurden. Jedes Jahr untersteht nach der chinesischen Version einem bestimmten Tierbild, das alle zwölf Jahre wiederkehrt (siehe Tabellen).

In diesem Buch wurde nun abendländische und chinesische Astrologie auf einem gemeinsamen Nenner gebracht. Das Ergebnis war die vorliegende Sammlung der 144 Mischtypen von der Widder-Ratte bis zum Fische-Schwein. Noch nie wurde westliche und fernöstliche Astrologie in so ausführlicher Form gemixt und in 144 Charakterbildern umgesetzt.

Als zusätzliche Information, veröffentlichen wir am Schluß des Buches einen großen Partnerschaftstest mit drei Tabellen, aus denen auf einfache Weise ermittelt werden kann, welcher Partner hervorragend und welcher weniger gut paßt.

Das Buch soll dazu dienen, sich selbst und die Mitmenschen besser zu verstehen und zu erkennen, zugleich soll es aber seine Leser vor allem auch gut unterhalten.

Was bin ich?

Chronologische Zusammenstellung der Geburtsjahre zur Auffindung des eigenen Tierzeichens

Affe	29.1.1884–14.2.1885	Hund	10.2.1910–29.1.1911
Hahn	15.2.1885– 7.1.1886	Schwein	30.1.1911–17.2.1912
Hund	8.1.1886–23.1.1887	Ratte	18.2.1912– 6.2.1913
Schwein	24.1.1887–11.2.1888	Büffel	7.2.1913–25.1.1914
Ratte	12.2.1888–30.1.1889	Tiger	26.1.1914–14.2.1915
Büffel	31.1.1889–20.1.1890	Hase	15.2.1915– 3.2.1916
Tiger	21.1.1890– 8.2.1891	Drache	4.2.1916–23.1.1917
Hase	9.2.1891–29.1.1892	Schlange	24.1.1917–11.2.1918
Drache	30.1.1892–16.2.1893	Pferd	12.2.1918–31.1.1919
Schlange	17.2.1893– 5.2.1894	Ziege	1.2.1919–20.1.1920
Pferd	6.2.1894–25.1.1895		
Ziege	26.1.1895–13.2.1896	Affe	21.1.1920– 7.2.1921
		Hahn	8.2.1921– 6.2.1922
Affe	14.2.1896– 1.2.1897	Hund	7.2.1922–14.2.1923
Hahn	2.2.1897–21.1.1898	Schwein	15.2.1923– 4.2.1924
Hund	22.1.1898– 9.2.1899	Ratte	5.2.1924–24.1.1925
Schwein	10.2.1899–30.1.1900	Büffel	25.1.1925–12.2.1926
Ratte	31.1.1900–18.2.1901	Tiger	13.2.1926– 1.2.1927
Büffel	19.2.1901–26.1.1902	Hase	2.2.1927–22.1.1928
Tiger	27.1.1902–29.1.1903	Drache	23.1.1928–10.2.1929
Hase	30.1.1903–16.2.1904	Schlange	11.2.1929–30.1.1930
Drache	17.2.1904– 4.2.1905	Pferd	31.1.1930–17.2.1931
Schlange	5.2.1905–24.1.1906	Ziege	18.2.1931– 6.2.1932
Pferd	25.1.1906–13.2.1907		
Ziege	14.2.1907– 1.2.1908	Affe	7.2.1932–25.1.1933
		Hahn	26.1.1933–13.2.1934
Affe	2.2.1908–21.1.1909	Hund	14.2.1934– 4.2.1935
Hahn	22.1.1909– 9.2.1910	Schwein	5.2.1935–23.1.1936

雄

Ratte	24.1.1936–11.2.1937
Büffel	12.2.1937–31.1.1938
Tiger	1.2.1938–18.2.1939
Hase	19.2.1939– 7.2.1940
Drache	8.2.1940–26.1.1941
Schlange	27.1.1941–15.2.1942
Pferd	16.2.1942– 4.2.1943
Ziege	5.2.1943–25.1.1944
Affe	26.1.1944–12.2.1945
Hahn	13.2.1945– 1.2.1946
Hund	2.2.1946–21.1.1947
Schwein	22.1.1947– 9.2.1948
Ratte	10.2.1948–29.1.1949
Büffel	30.1.1949–17.2.1950
Tiger	18.2.1950– 6.2.1951
Hase	7.2.1951–26.1.1952
Drache	27.1.1952–14.2.1953
Schlange	15.2.1953– 3.2.1954
Pferd	4.2.1954–23.1.1955
Ziege	24.1.1955–11.2.1956
Affe	12.2.1956–30.1.1957
Hahn	31.1.1957–18.2.1958
Hund	19.2.1958– 7.2.1959
Schwein	8.2.1959–27.1.1960
Ratte	28.1.1960–15.2.1961
Büffel	16.2.1961– 4.2.1962
Tiger	5.2.1962–25.1.1963
Hase	26.1.1963–13.2.1964
Drache	14.2.1964– 2.2.1965
Schlange	3.2.1965–21.1.1966
Pferd	22.1.1966– 8.2.1967
Ziege	9.2.1967–29.1.1968
Affe	30.1.1968–16.2.1969
Hahn	17.2.1969– 5.2.1970
Hund	6.2.1970–26.1.1971
Schwein	27.1.1971–18.2.1972
Ratte	19.2.1972– 2.2.1973
Büffel	3.2.1973–23.1.1974
Tiger	24.1.1974–10.2.1975
Hase	11.2.1975–30.1.1976
Drache	31.1.1976–17.2.1977
Schlange	18.2.1977– 7.2.1978
Pferd	8.2.1978–27.1.1979
Ziege	28.1.1979–15.2.1980

鼠

Die angriffslustige Ratte

vom Widder bis zu den Fischen

Sind Sie nach der chinesischen Astrologie unter dem Zeichen der Ratte zur Welt gekommen? Dann müßten Sie in einem der nachstehend aufgeführten Jahre der Ratte geboren worden sein:

12.2.1888–30.1.1889
31.1.1900–18.2.1901
18.2.1912– 6.2.1913
5.2.1924–24.1.1925
24.1.1936–11.2.1937
10.2.1948–29.1.1949
28.1.1960–15.2.1961
19.2.1972– 2.2.1973

Widder-Ratten

(21. März bis 20. April)

Um es gleich vorweg zu sagen: Widder-Ratten wollen immer Spitzenreiter sein. Ein tristes Eremitenleben würde sie an den Rand des Wahnsinns bringen; Betrieb ist für sie alles. Sie gehen mit dem Kopf durch die Wand, suchen sich aber mit scharfem Rattenverstand jene Stelle aus, wo der Maurer für den Zimmermann ein Loch frei ließ.
Was Widder-Ratten einmal entschieden haben, das werden sie durchsetzen. Wenn's mit Gewalt nicht geht, dann eben mit listiger Schläue. Sie taktieren gekonnt, lassen es dabei aber oft an dem nötigen Takt fehlen. Kommt man ihnen auf die Schliche, werden sie Mittel und Wege finden, charmant zu vertuschen, was sie ins schiefe Licht brachte. Am Ende ist dann wohl der andere schuld.
Widder-Ratten sind die geborenen Manager, die mit hohem Einsatz spielen, aber schon im Vorhinein wissen, daß sie siegen werden. Ihre Angriffslust, die auch keine Ränke scheut, verwirrt jeden Gegner so, daß er schließlich den entscheidenden Fehler begeht, der den Widder-Ratten die Trümpfe in die Hand gibt.
Schönster Zug der Widder-Ratten: Wen sie einmal ins Herz geschlossen haben, der kann auf ihre Hilfe rechnen, wann immer er sie benötigt – außer eine solche Hilfeleistung würde der Widder-Ratte schaden. Ein bißchen Egoismus sollte schon sein!
Auch als Ehepartner sind weibliche wie männliche Widder-Ratten gut zu haben. Leider verlangen sie oft etwas zuviel, so daß sich die Herzallerliebsten überfordert vorkommen könnten. Das macht die ständige Sexbereitschaft der Widder-Ratten, die einen nur durchschnittlich veranlagten Partner zu sehr strapazieren könnte. Und von daher kommt es, daß Widder-Ratten manchmal ihr Liebstes verlieren, das sie fest zu besitzen meinten. Sie werden jedoch nie lange den schnöde Verlassenen spielen, sondern ihr Auge schon bald auf ein neues Lust-Objekt werfen.
Widder-Ratten gehen niemals unter. Sie werden nimmer müde, den Platz an der Sonne zu suchen. Haben sie ihn gefunden, werden sie auch anderen einen Sonnenstrahl an ihrer Seite gönnen, falls diese nicht gleich ein ganzes Strahlenbündel für sich verlangen. Für andere kennen Widder-Ratten schließlich Maß und Ziel, für sich selbst beanspruchen sie eher ein Übermaß, das sie sich auch meist sichern können. Denn ihre Energie ist das Kapital, aus dem sie die Tausendmarkscheine zaubern, die sie für ein Leben in Luxus und Lebensfreude nun einmal gebrauchen.

Stier-Ratten

(21. April bis 20. Mai)

Das ist schon eine seltsame Mischung: Über des Stieres sturem Beharren und der Ratte Angriffslust hängte die Natur den Deckmantel einer stets zur Schau getragenen, fröhlichen Friedfertigkeit, gepaart mit einem liebenswürdigen Wesen, das kaum Launen kennt.

Stier-Ratten wirft so leicht nichts um, sie finden selbst in prekären Situationen noch einen Ausweg. Das schätzen vor allem Vorgesetzte oder Geschäftspartner an ihnen sehr.

Die Familie geht ihnen über alles. Sie wird überhäuft mit teuren Geschenken und mit einer Fürsorge, die manches Familienmitglied auf die Dauer als übertrieben, wenn nicht gar als lästig empfinden könnte. Nur zeige man das den Stier-Ratten nie, denn bei ihnen schlägt familiärer Ärger grundsätzlich auf den Magen.

Außerhalb des Familienkreises gelten Stier-Ratten als geschäftstüchtig. Da drehen sie den Pfennig zehnmal rum: Aber was ihnen oft als Geiz ausgelegt wird, ist in Wirklichkeit nichts anderes als Teil jenes beharrlichen Strebens nach Geld und festen Werten, die man zum eigenen und zum Nutzen der Familie anlegen kann.

Kollegen mögen vermerken, Stier-Ratten würden allzusehr mit den Ellenbogen arbeiten, ihre Freundlichkeit sei nur Schau. Das stimmt nicht: Stier-Ratten suchen ein gutes Verhältnis zu jedermann, ihre Liebenswürdigkeit kommt von innen. Aber bei aller Zuvorkommenheit ist es ja wohl erlaubt, das Ziel im Auge zu behalten: in die obere Etage des Lebens zu gelangen.

In der Liebe sind Stier-Ratten gar nicht so wählerisch – Hauptsache, sie finden jemanden, den sie umsorgen können! Frauen aus diesem Mischtyp heiraten meist früh und bemuttern ihren Partner auch dann noch, wenn sie längst eingesehen haben, daß er eigentlich doch nicht der Rechte war. Männer angeln sich manchmal die nächstbeste Hübsche und bewachen sie von da an eifersüchtig ein Leben lang. Wage nur ja niemand, einer Stier-Ratte davonzulaufen; in diesem Zeichen kennt man keine Scheidung. Wer einmal ja sagte, den umgibt man mit Liebe oder mit dem, was man dafür hält – basta!

Sexbesessen sind Stier-Ratten kaum, im Gegenteil macht sich nach dem Honigmond meist eine gewisse Bequemlichkeit breit – man ist versorgt, mehr will man nicht. Ob das aber dem Partner reicht? Die Stier-Ratte fragt nicht danach; sie ist glücklich und setzt Speck an. Kugelrunde Stier-Ratten sind kein Beweis für Völlerei, sondern für Zufriedenheit mit sich und den Seinen.

Zwillinge-Ratten

(21. Mai bis 21. Juni)

Zwillinge-Ratten sind Individualisten, vom Scheitel bis zur Sohle. Sie lassen keinen Widerspruch gelten, zerpflücken ihn meist schon im Ansatz mit sanfter Wortgewalt. Und wenn sie sehen, daß mit Behutsamkeit nichts zu machen ist, beenden sie möglicherweise das nutzlose Gespräch mit jenem Götz-Zitat, das nicht unbedingt auf eine feine Kinderstube schließen läßt.

Freunde wissen solche Entgleisungen zu entschuldigen; sie kennen die dünnen Nervenstränge der Zwillinge-Ratten und versuchen erst gar nicht, sie zu überspannen.

Aber das ist das Widersprüchliche an diesen Mischtypen: Auf dem Weg nach oben scheinen sie Nerven aus Stahl zu haben. Da setzen sie ihr Köpfchen ein, mogeln sich zur Not durch, zügeln ihr Temperament. Gescheit sind sie halt, diese Zwillinge-Ratten, gescheiter als die anderen. Kann man ihnen da vorwerfen, daß sie schneller zu etwas kommen als die weniger gewitzten Konkurrenten? Ihre Intelligenz ebnet ihnen die steilsten Pfade, und schließlich sind sie in der Chef-Etage angelangt und lassen sich nicht mehr verdrängen, sofern sie nicht selbst plötzlich die Wanderlust packt zu einem noch besser dotierten anderen Job.

Das ist das Unstete im Charakter der Zwillinge-Ratten, das sich auch in der Intimsphäre spiegelt: Man nagt mal hier und nagt mal dort. Zur Liebe auf den ersten Blick ist man zu kritisch; der Intellekt rät eher zu jenem berühmten Bratkartoffel-Verhältnis, durch das man versorgt ist. Von der Liebe allein kann man schließlich nicht leben; der Partner sollte schon etwas mitbringen in die Ehe, mit dem man die finanzielle Basis verbreitern kann.

Zwillinge-Ratten halten viel vom Geld. Sie werden es freigebig hinauswerfen, wenn sie sich damit ins rechte Licht setzen können. Das macht ihnen viele Freunde.

Bequemlichkeit schätzen Zwillinge-Ratten über alles, und wenn man ihnen viel Spielraum läßt, sind sie treu und kehren immer wieder an den heimischen Herd zurück. Männer dieses Ratten-Mischtyps erreichen im Durchschnitt meist nicht ganz die hohe Scheidungsquote anderer Zwillinge.

Frauen aus dem Zwillinge-Ratten-Bereich werden sogar an der Seite eines verständnisvollen Ehepartners ausgesprochen häuslich; sie brauchen nur neben dem Wirtschaftssalär genügend Taschengeld.

Krebs-Ratten

(22. Juni bis 22. Juli)

Man schätzt sie wegen ihres Sachverstandes. Denn Krebs-Ratten wählen grundsätzlich nur den Beruf, den sie auch ausfüllen können. Angeber sind ihnen ein Greuel. Und da es so viel Angabe in dieser falschen Welt gibt, ziehen sie sich meist zurück und beobachten ihre Mitmenschen kritisch. Das macht sie überlegen, aber nicht beliebt.
Kritik können Krebs-Ratten an sich selbst wenig vertragen. Sie sind von der Richtigkeit ihrer Pläne und Entschlüsse überzeugt – wer braucht da Kritik? Diese Meinung tragen sie nach außen selbstbewußt zur Schau, aber im stillen Kämmerlein überdenken sie selbstkritisch für sich, ob sie nicht doch etwas falsch gemacht haben könnten und anektieren dann bereitwillig die Meinung anderer, ohne den Irrtum zuzugeben.
Am besten geht man bei solchem Gesinnungswandel zur Tagesordnung über. Wer's nicht kann, wird eine Ratten-Eigenschaft dieses Mischtyps zu spüren bekommen: Er wird angriffslustig, sucht schwache Stellen im Leben des Widersachers und gibt doppelt und dreifach zurück. Angetane Schmach können Krebs-Ratten ihr Leben lang nicht vergessen. Man behandle sie also wie rohe Eier.
Bester Zug der Krebs-Ratten: Sie wollen nicht unbedingt Spitzenreiter sein. Ihnen reicht das, was man zum Leben braucht, wozu sie auch ein kleines Bankkonto für alle Fälle zählen.
In der Liebe sind Krebs-Ratten wählerisch. Sie prüfen lang, bevor sie sich binden. Zur Not lebt man zusammen ohne standesamtlich verbriefte Rechte, die im Falle einer Scheidung teuer zu stehen kommen. Haben sie sich aber einmal zur festen Bindung entschlossen, bleiben sie treu und häuslich.
Frauen dieses Mischtyps erscheinen oft wie Heimchen am Herde. Sie wollen bemuttern und reiben sich ganz im Dienst für ihre Lieben auf. Schade, wenn Männer nicht merken, wieviele zusätzliche Streicheleinheiten gerade die Krebs-Ratte-Frau braucht als Lohn für ihre guten Taten.
Männer aus dem Krebs-Ratte-Zeichen sind da anders. Sie gehen ihren eigenen Weg, sind beständig auf der Suche nach der großen Liebe und werden im Ehealltag oft ihrer schönsten romantischen Gefühle beraubt. So leben sie neben der, die sie erwählten, manchmal recht gleichgültig her, erfüllen ihre ehelichen Pflichten und fühlen sich verraten und verkauft.
Es sind die Träume, die den Krebs-Ratten das Leben vergällen können.

Löwe-Ratten

(23. Juli bis 23. August)

Sie tragen den Kopf höher als andere; das könnte sie in den Augen kleinlicher Spießbürger arrogant erscheinen lassen. Löwe-Ratten sind eben Persönlichkeiten von großer Intelligenz und wahrhaft königlicher Haltung. Verständlich also, wenn sie auf das Fußvolk hinunterblicken.

Natürlich werden die Löwe-Ratten schnell Karriere machen. Ein Fehler wäre allerdings zu vermeiden: Sie schießen manchmal übers Ziel hinaus. Das kann bei Selbständigen zur saftigen Pleite, bei Arbeitnehmern mindestens zu schlechten Vermerken in der Personalakte führen.

Lange freilich bleibt keine Löwe-Ratte unten. Sie rappelt sich immer wieder hoch, und mit der Summe der Erfahrungen steigt das Einkommen. Wer sie weglobte, möchte sie plötzlich wieder haben und macht verlockende Angebote, die am Stolz der Löwe-Ratte scheitern.

Das Geld muß die Löwe-Ratte unter die Leute bringen. Von Geiz ist da nicht die Spur. Was man hat, gibt man aus – als Lokalrunde an fröhliche Mitzecher, als Geschenke an teure Freunde. Großzügigkeit ist im Gesellschaftsleben Trumpf, auch wenn daheim hinterher Schmalhans Küchenmeister ist.

Verständlich, daß solch königliche Ratte viele Anbeter hat, die sich um ihre Gunst und ihr Herz bemühen. Männer dieses Mischtyps können sich oft nicht für die eine entscheiden und pflücken bald dieses, bald jenes Blümchen, das da am Wege blüht. Hier und da gehen sie erfahrenen Mädchen in die Falle. Und dann sind sie ein Leben lang gefangen. So eingesperrt, beginnen sie wie die echten Löwen zu brüllen oder suchen wie die Ratten ein Loch in der Wand, durch das sie entschlüpfen können.

Schon manche männliche Löwe-Ratte fand aber auch die große Liebe, mit der sie glücklich bis an der Zeit Ende leben konnte. Schade, daß viele dieser stolzen Herren beim Blümchenpflücken das eine zarte Pflänzchen achtlos zertraten, das ihnen dieses Glück hätte bringen können.

Ganz anders die Löwe-Ratte-Dame: Sie bindet sich schon früh, angelt sich meist den, der ihr ein Maximum an Luxus bieten kann. Sie schenkt ihm raffinierten Sex dafür und einen Hausstand, in dem alles blitzt und blinkt. Und wenn der Erwählte auf die Dauer den Luxus nicht halten kann, arbeitet sie mit. Möglicherweise verdient sie dann bald mehr als er.

Jungfrau-Ratten

(24. August bis 23. September)

Schick geht für die Jungfrau-Ratten die Welt zugrunde. Dezente Eleganz ist aber auch so ziemlich das einzige, was sie sich an Luxus leisten. Ansonsten wird der Pfennig umgedreht, das Geld gehortet, aufs Sparkonto gebracht, in Aktien angelegt.

Jungfrau-Ratten sind Finanzgenies. Sie ahnen die gute Gelegenheit und nützen sie. Schon manche Jungfrau-Ratte rettete einen fast bankrotten Betrieb vor dem Ruin. Man sieht, diese Mischtypen haben Erfolg im Beruf. Sie denken und lenken aber meist aus der zweiten Reihe, lassen anderen das Sagen, wenn die nur tun, was Jungfrau-Ratten wollen.

Der Umgang mit Jungfrau-Ratten ist oft schwierig. Werden sie angegriffen, schlagen sie sofort zurück. Und dann setzt es Verluste bei den anderen. Eigene Verluste beklagt die Jungfrau-Ratte kaum; sieht sie sich in einer Sackgasse, kriecht sie zu Kreuze, spielt den Unschuldigen; und man verzeiht.

Jungfrau-Ratten beißen sich immer durch. Im Beruf, aber auch in den Beziehungen zum anderen Geschlecht. Männer dieses Typs schauen sich das Opfer ihrer gezügelten Leidenschaft lange Zeit in Ruhe an, wägen ab, ziehen Bilanz. Die Liebe ist für sie das Geschäft ihres Lebens. Man will ja gerade da nicht die Katze im Sack kaufen. Haben sie für gut befunden und sich entschieden, wird die Herzallerliebste vereinnahmt als unveräußerliches Hab und Gut. Wehe, ihr träte jemand von nun an zu nahe!

Frauen aus dem Jungfrau-Ratte-Zeichen suchen länger als manche ihrer Geschlechtsgenossinnen nach dem einen, der sie glücklich machen könnte. Er braucht nicht reich zu sein, er müßte nur ein Gentleman sein, der den Willen hat, sich für seine Familie aufzuopfern. Alles andere findet sich.

Jungfrau-Ratten sind gute Mütter, die ihren Haushalt vorbildlich und sparsam führen. Ihr Sex ist bei aller Hingabebereitschaft etwas unterkühlt. Nur selten bricht die Leidenschaft durch, nach der sich mancher Partner sehnt.

Jungfrau-Ratten sind sicherlich ein liebenswerter Sternenmischling. Wenn nur nicht ihre geradezu penetrante Ordnungsliebe wäre. Das kleinste Stäubchen stört sie, und über die geringste Ausgabe führen sie Buch.

Man könnte sie kleinlich nennen. Nur wer sie liebt, weiß, daß das nicht stimmt!

Waage-Ratten

(24. September bis 23. Oktober)

Waage-Ratten sind für den Ausgleich in allen Lebenslagen. Nichts ist ihnen verhaßter als Zank und Streit. Sie wären die geborenen Juristen und Lehrer, wenn es sie nicht mehr zu künstlerischen und handwerklichen Berufen hinzöge. Sie haben Geschmack und lieben den Luxus als Ausdruck einer für sie passenden Lebensart.

Waage-Ratten sind nicht unbedingt die Fleißigsten im Lande. Sie tun das Notwendigste, überlassen das andere den Kollegen oder verschieben es auf später. Man hat ja Zeit, und morgen ist schließlich auch noch ein Tag.

Chefs mögen über diese nonchalante Art klagen, entlassen werden sie ihre Waage-Ratte nicht. Das Betriebsklima würde darunter leiden; denn die Waage-Ratten sind allseits beliebt, und man hört gern auf ihren Rat. Sie sind keine Aufrührer, sondern sie sorgen eher für den Zusammenhalt der Betriebsgemeinschaft. Was macht's, wenn sie mal weniger tun als andere?

So werden sie mit der Zeit die rechte Hand des Chefs. Zu mehr reicht's oft nur, wenn sie erben oder im Lotto gewinnen. Und darauf hoffen die Waage-Ratten manchmal ein Leben lang. Einige hatten dieses sprichwörtliche Glück und wurden vorbildliche Chefs mit dem Wahlspruch: Leben und leben lassen.

Sie lieben das Leben, in dem sie umschwärmter Mittelpunkt sein können. Den meisten gelingt das mit Charme und der ihnen eigenen Liebenswürdigkeit. Das andere Geschlecht wartet nur darauf, solche Waage-Ratten zu fangen, um sie ganz allein für sich zu besitzen.

Die Männer dieses Mischtyps können sich vor Angeboten kaum retten, sie pendeln hin und her, bis sie schließlich in jenes Liebesnest gelangen, das in Wirklichkeit eine raffiniert gestellte Falle war. Sie machen meist gute Mine zum bösen Spiel: Wer sie einfing, wollte sie ja nur von einem Lotterleben mit vielen Gespielinnen retten. Auf die Dauer wäre man da sowieso überfordert gewesen. So wird die Waage-Ratte also ein guter Ehemann, verzieht Frau und Kinder und fühlt sich als Pascha.

Männer loben die Vorzüge des Waage-Ratte-Mädchens in leuchtenden Farben. Sie umschwirren es wie Motten das Licht. Nur so kommt es, daß manche Waage-Ratte-Frau Erfahrungen in die Ehe mitbrachte – das Angebot war zu groß!

Fazit: Waage-Ratten muß man lieben trotz ihrer kleinen, allzu menschlichen Fehler.

Skorpion-Ratten

(24. Oktober bis 22. November)

Man hüte sich, ihr Feind zu sein: Skorpion-Ratten sind kämpferische Typen, die alles beiseite räumen, was sich ihrem Vorwärtsdrang entgegenstellt. Sie beißen sich um jeden Preis durch und setzen dabei auch den Giftstachel ein, der den Gegner lähmt.

Ganz so gefährlich, wie das klingt, sind die Skorpion-Ratten nun wieder nicht. Sie können sich sehr wohl anpassen und im Strom der Zeit mitschwimmen. Sie sind gewöhnt, streng nach Vorschrift zu arbeiten. Zu mehr haben sie oft keine Lust. Wenn der Schlendrian zu arg wird, sollte man ihnen unter vier Augen ehrlich die Meinung sagen, und sie werden in sich gehen.

Skorpion-Ratten lieben die Wahrheit über alles; Unaufrichtigkeit ärgert sie. Sie nehmen so leicht nichts krumm. Man sollte nur nicht übertreiben oder gar Falsches über sie aussagen. Dann stellen sie sich bockig oder gehen gleich zum Gegenangriff über. Man sieht: Leicht hat's keiner mit den Skorpion-Ratten, weder der Chef, noch die Kollegen. Und auch Untergebene können von ihrer schroffen Art ein Liedchen singen. Bestes Gegenmittel: Man reize sie nicht, sondern bleibe gelassen und freundlich.

Über alles lieben Skorpion-Ratten deftige Tafelgenüsse. Die feine Gesellschaft ist ihnen ein Greuel. Sie suchen die Kumpanei, die Stammtischrunde, in der auch mal ein kräftiger Witz erzählt wird. Man macht manchen von ihnen zu Recht den Vorwurf, sie führten ein ausschweifendes Leben, und ahnt dabei nicht, daß daran eigentlich die Gesellschaft mit ihren Konventionen und Vorurteilen schuld ist.

Skorpion-Ratte-Männer suchen sich ihre Freundinnen recht zufällig aus, und es ist dabei kein Wunder, wenn sie die Lämmchen unter ihnen besonders schätzen. Gegensätze ziehen sich ja an. In der Jugend sind sie die reinsten Don Juans. Aber das gibt sich, mit der größeren Körperfülle nimmt der Hunger nach Sex ab. Dann bauen sich Skorpion-Ratte-Männer ein Haus und holen sich jene heim, die sie umsorgt und umhegt und zu der sie ein wenig zärtlich sein können.

Frauen aus diesem Mischtyp sind in jungen Jahren schlanke Grazien, die mit viel Sex die Männer betören. Doch diese Wonnemädchen fallen nicht so leicht, wie sie sich geben. Gezielt suchen sie sich den Mann fürs Leben. Sie locken mit Weiberlist, und hat er erst sein Ja gegeben, steht er unter ihrem Kommando. Unterm Skorpion-Ratte-Zeichen ist Mitbestimmung nur eine einseitige Sache.

Schütze-Ratten

(23. November bis 21. Dezember)

Man muß es ihnen lassen: Schütze-Ratten sind Menschen, die sich immer und überall ins rechte Licht setzen, wodurch sie bald eine um die andere Sprosse auf der Erfolgsleiter höherklettern. Und wenn's nicht im Guten geht, dann nehmen sie auch mal die Ellenbogen, um Konkurrenten aus dem Weg zu schubsen.
Freunde schätzen der Schütze-Ratten Kameradschaft und merken dabei nicht, daß sie weidlich ausgenutzt werden. Schließlich will man auch seinen eigenen Vorteil wahren – Freundschaft hin, Freundschaft her! Mancher möchte die Schütze-Ratten für knickerig halten, wenn sie die anderen die Zeche bezahlen lassen. Aber das sind sie nicht. Sie wollen nur schon in frühen Jahren über Erspartes verfügen, das man im rechten Moment einsetzen kann, um noch mehr daraus zu machen.
Ehepartner von Schütze-Ratten haben es bei solcher Einstellung nicht leicht. Vor allem die Männer unter diesem Mischzeichen gehen gern einmal alleine aus, suchen sich draußen im geselligen Leben vom Eheralltag zu entspannen. Daß sie dabei an den Blümchen, die da am Wege blühen, nicht nur riechen, wird man den Schlauen kaum beweisen können. Sie sind Meister im Vertuschen.
Frauen dieses Typs sind häuslicher, wenn sie einmal unter die Haube gekommen sind. Freilich dauerte der Weg dorthin bei ihnen länger. Man hatte ja die Qual der Wahl. Der eine wäre es geworden, wenn er zum Geld mehr Herz mitgebracht hätte, der andere wurde es nicht, weil Herz allein die Familie nicht ernähren kann. Aber schließlich angelte man sich doch den einen fürs Leben, der von jedem etwas hat und überdies großzügig darüber hinwegsieht, wenn sein heißgeliebtes Plappermäulchen mit seinen Ansichten mal wieder ein wenig übers Ziel hinausschoß.
Schütze-Ratten – Frau wie Mann – nehmen ihren Beruf sehr ernst. Sie werden schnell die Chefs finden, die sie fördern, und Kollegen, die für sie durchs Feuer gehen. Einziger Nachteil: Die Schütze-Ratte hält es in jüngeren Jahren nie lange an einem Platz. Sie läßt sich wegloben in die nächsthöhere Position, in der das Einkommen dem gestiegenen Lebens-Standard angepaßt ist, wobei die Schütze-Ratte selbst entscheidet, was ihr angemessen erscheint.
Guter Rat zum Schluß: Man lege sich nie mit Schütze-Ratten an, sie werden gewinnen – nicht mit roher Gewalt, sondern mit der ihnen eigenen Beredtsamkeit, mit Argumenten, die selbst dann noch überzeugend wirken, wenn sie an der Wahrheit ein wenig vorbeigehen.

Steinbock-Ratten

(22. Dezember bis 20. Januar)

Die im Zeichen Steinbock geborenen Ratten machen sich das Leben nicht leicht. Stets wollen sie aus allem das beste herausholen und merken dann sehr zum eigenen Verdruß, daß manches im Leben Halbheit ist und bleiben wird. Aber sie geben nie auf. Immer und immer wieder versuchen sie, die Welt in ihrem Sinne zu verbessern. Und ecken an.

Viele Steinbock-Ratten bleiben darum Einzelgänger, die nicht nach links und nicht nach rechts blicken. Sie fressen manches in sich hinein, zahlen es aber irgendwann heim, wenn ihnen Unbill widerfuhr. Mit der ihnen eigenen Ausdauer werfen sie Konkurrenten aus dem Rennen. Sie haben Zeit im Beruf, aber auch in den zwischenmenschlichen Beziehungen.

Während sie jedoch im Beruf das gesteckte Ziel meist erreichen, versäumen sie im Privatleben viel. Steinbock-Ratten prüfen oft zu lange, bevor sie sich binden. Verständlich, daß da mancher vorzeitig die Lust verliert und sich anderen Objekten zuwendet.

Vor allem Frauen dieses Mischtyps klammern sich oft zu sehr am Beruf fest, der ihnen über alles geht. Sie möchten zwar Hausfrau und Mutter werden, aber nur in einer Art Nebenbeschäftigung. Schon mancher Mann ließ sich von einer Steinbock-Ratte-Dame hochheilig versprechen, daß sie mit der Hochzeit ihren Beruf aufgeben würde, und mußte zusehen, wie die Erfüllung dieses Versprechens ein um das andere Jahr hinausgezögert wurde mit dem Hinweis auf die Emanzipation der Frau.

Männer unter dem Steinbock-Ratte-Zeichen lassen sich nur schwer in die Ehefalle locken. Zunächst haben sie wohl zu sehr mit sich selbst und ihrem Beruf zu tun: Man will ja schließlich nicht mit leeren Händen in das Ehewagnis schliddern! Haben Sie sich schließlich zur Familiengründung entschlossen, ist freilich das beste auf dem freien Markt der Liebe meist schon vergriffen.

Bester Zug der Steinbock-Ratten: Haben sie sich einmal für die und sonst keine entschieden, halten sie an der Auserwählten ein Leben lang in Treue fest.

Manchmal scheinen Steinbock-Ratten beiderlei Geschlechts zu schwerfällig für die Liebe. Gewiß gehen ihnen romantische Gefühle oftmals ab, aber ihr Herz sitzt allemal auf dem rechten Fleck. Es schlägt für den, der ihnen ihre kleinen Fehler nachsieht und sie so nimmt, wie sie nun einmal sind.

Wassermann-Ratten

(21. Januar bis 19. Februar)

Horoskophörig sind die Wassermann-Ratten nicht, sie bauen lieber auf den eigenen Intellekt und fühlen sich sehr wohlgeboren. Dabei sind sie nicht einmal arrogant zu nennen.

Stets unzufrieden mit ihrer Umgebung und mit sich selbst, suchen sie das Neue, das noch nie Dagewesene. Finden sie es im eigenen Vaterland nicht, gehen sie in die Fremde, werden Weltenbummler. Um sich durchzubringen nehmen sie jede Arbeit an.

Schon mancher aus dem Wassermann-Ratte-Zeichen begann als Tellerwäscher auf dem Weg nach oben. Aber es kann sein, daß er an einer Kreuzung stehen bleibt und aus Protest die Straße wählt, die zu neuen Abenteuern führt.

Im Charakter der Wassermann-Ratten ist etwas Unstetes. Die innere Unruhe triumphiert oft wider bessere Vernunft. Als Angestellte oder Arbeiter mit stets gleichbleibender Aufgabenstellung fühlen sie sich nicht wohl. Ein freier Beruf, in dem sie sich durchboxen müssen, liegt ihnen eher.

Das Abenteuer zählt auch in der Liebe mehr als eine feste Bindung. Aber Mann und Frau aus dem Wassermann-Ratte-Zeichen sind in dieser Hinsicht grundverschieden. Während er am liebsten jede Nacht in einem anderen Bett verbringen möchte, liebt sie eher das Stilvolle.

Der Wassermann-Ratte-Mann mag die und jene, aber er läßt einer jeden ihre persönliche Freiheit. Wenn er heiratet, gilt für ihn der Ehevertrag mit der Klausel „Seitensprung erlaubt“ für beide Teile.

Ganz anders die Wassermann-Ratte-Frau; sie kennt die Eifersucht, die sich oft grundlos ihr Opfer sucht. Sie will den Mann ihrer Wahl für sich allein, auch wenn sie nach außen hin die Großzügige spielt. Sie heiratet meist früh, weil sie befürchtet, daß der nächste schlechter sein könnte als der jetzige. So kommt es zu mancher Enttäuschung unter diesem Mischzeichen, aus der Scheidungsanwälte Profit schlagen können.

Mit zunehmendem Alter werden auch Wassermann-Ratten beiderlei Geschlechts vernünftiger. Und dann haben sie es meist zu etwas gebracht. Ihre Lebenserfahrung, in heißen Abenteuern erworben, bringt am Ende immer etwas ein.

Wassermann-Ratten sind nicht sparsam zu nennen, aber sie haben eine gute Beziehung zum Geld und zu festen Werten, die sie manchmal auch über eine Heirat erreichen. Man nimmt eben mit, was man bekommen kann.

Fische-Ratten

(20. Februar bis 20. März)

Sie jagen ständig dem großen Glück hinterher; Fische-Ratten haben Phantasie und romantische Gefühle. Die Arbeit haben sie nicht unbedingt erfunden, aber wenn es darauf ankommt, stehen sie ihren Mann.

Fische-Ratten haben viele Freunde, die von ihnen manchmal weidlich ausgenutzt werden. Sie vergessen jedoch keinen, der einmal gut zu ihnen war. Sehr zielbewußt sind sie nicht zu nennen, weil sie meist zu viele Ziele im Auge haben. Ihr Wesen ist etwas sprunghaft, aber vielleicht macht sie gerade das so liebenswert.

Gestrenge Chefs beurteilen die Lage meist ein wenig anders. Sie fordern gleichbleibende Leistung. Wer da nach Abwechslung verlangt, ist leicht unten durch. Nur gut, daß Fische-Ratten sich rechtzeitig anpassen können, sonst kämen sie wohl nie auf einen grünen Zweig. Das Leben ist teuer, es verlangt seinen Preis; woher den nehmen, wenn man sich nur auf seine Träume verließe?

Fische-Ratten haben tatsächlich viel Glück im Spiel, gezinkte Karten sind ihnen ein Greuel, ein Blick über des Gegners Schulter tut's auch. Sie möchten selbst in der Liebe spielen, aber da gelingt's ihnen nicht immer, weil sie bei der nächstbesten Gelegenheit in eine Falle tappen, wobei sich erst hinterher erweist, ob es zum Guten oder zum Schlechten war.

Die Frauen dieses Mischtyps sind sanfte Wesen, denen der Schalk im Nacken sitzt. Playboys sind ebenso von ihnen hin- und hergerissen wie jene Männer, die sich ein Schmusekätzchen ins Heim holen möchten. Am Ende ist die Fische-Ratte-Frau bei beiden verraten und verkauft. Sie braucht den Mann, der sie auf Händen trägt, ihr aber bei Gelegenheit auch mal die Leviten liest, wenn sie vor lauter Selbstmitleid das große Heulen bekommt. Dieser Rat umschreibt hier nur, wie sehr die Ratte-Fische-Frau die starke Beschützerhand des liebevollen Gatten braucht.

Männer dieses Mischtyps heiraten oft ihre erste Liebe. Sie sind anhänglich und treu, selbst wenn sie nach dem Honigmond bemerken, daß eine andere eigentlich besser gewesen wäre. Und sie träumen weiter von dem großen Glück, das ihnen in der Ehe vielleicht verwehrt blieb.

Was Fische-Ratten brauchen, ist sehr viel Liebe und ein bißchen Aufmunterung im Lebensalltag. Bescheiden, wie sie im Grunde sind, werden sie sich am Ende mit dem Glück daheim zufrieden geben.

牛

Der sanfte Büffel

vom Widder bis zu den Fischen

Sind Sie nach der chinesischen Astrologie unter dem Zeichen des Büffels zur Welt gekommen? Dann müßten Sie in einem der nachstehend aufgeführten Jahre des Büffels geboren worden sein:

31.1.1889–20.1.1890
19.2.1901–26.1.1902
7.2.1913–25.1.1914
25.1.1925–12.2.1926
12.2.1937–31.1.1938
30.1.1949–17.2.1950
16.2.1961– 4.2.1962
3.2.1973–23.1.1974

Widder-Büffel

(21. März bis 20. April)

So ganz leicht ist mit den Widder-Büffeln nicht auszukommen, es sei denn, man ordnet sich ihnen bedingungslos unter. Überall wittern sie Gefahr, hinter jedem, der ihnen zu widersprechen wagt, einen potentiellen Gegner, den es auszuschalten gilt. Ihre Hörner sind stets in Kampfstellung gesenkt.

Widder-Büffel sind Menschen mit Willenskraft, die ihnen zu gegebener Zeit freilich auch manche Unannehmlichkeit schafft. Denn manchmal triumphiert der Wille auch über die bessere Einsicht, die Kontrolle geht flöten, was bleibt, ist Raserei. Das kann ihnen im Berufsleben manchen Pluspunkt nehmen, den der Chef schon vermerkte. Wenn sein Widder-Büffel das „Spinnen" anfängt, sich mit allem und jedem anlegt, ist der Betriebsfriede gefährdet.

Das braucht nicht so zu sein. Wenn Widder-Büffel der Ehrgeiz packt zum Beispiel, werden sie den Willen in jenen Kanal leiten, der zum Erfolg führt. Oben angekommen, lassen sie wieder die Zügel schießen unter dem Wahlspruch: Das Geschäft braucht nun mal die starke Hand.

Wonach sich die männlichen Kraftprotzen unter diesem Zeichen sehnen, sind die zarten Täubchen, die sie beschützen können und die jedes Sexspielchen geduldig mitmachen, auch wenn sie dabei die schönsten Federn lassen müssen.

Widder-Büffel müssen mehr gestreichelt werden als andere unter der Tierkreissonne. Das haben die Gefährten von Frauen dieses Mischtyps längst erkannt. Dann räkeln sie sich wohlig und erfüllen alle Wünsche, auch wenn sie der eigenen Natur zuwiderlaufen würden.

Als Ehepartner sind die Widder-Büffel bei aller Schwierigkeit ihres Charakters zärtliche Gespielen. Für sie muß die Ehe Erholung sein vom Arbeitsalltag. Richtet sich der Ehegespons danach, hat er den Himmel auf Erden.

Männer wie Frauen aus diesem Zeichen sind nicht unbedingt häuslich zu nennen, doch für ihre Kinder gehen sie durchs Feuer. Zwar spüren diese die harte Hand, aber im Endeffekt werden sie zugeben müssen, daß ihr Widder-Büffel-Elternteil sie etwas Rechtes werden ließ, und daß er nur aus Liebe strenge Saiten aufzog.

Im Grunde genommen braucht der Widder-Büffel nur ein bißchen Verständnis dafür, daß er ein kämpferischer Typ ist, der es meist gar nicht so arg meint, wie es aussieht. Am besten, man brächte ihn zum Lachen. Denn der Widder-Büffel lacht für sein Leben gern; und das sogar über sich selber.

Stier-Büffel

(21. April bis 20. Mai)

Unter den Büffeln ist jener im Stier-Zeichen geborene der sanfteste. Keiner Fliege kann er etwas zu leide tun, es sei denn, sie tanzte ihm auf der Nase herum.

Stier-Büffel haben viel Familiensinn. Sie sind zärtlich zu ihren Lieben und schaffen eigentlich nur, um deren Wohlstand zu sichern. Über Ehrgeiz und Durchsetzungskraft kommen sie im Beruf weiter, aber es macht ihnen auch nichts aus, wenn sie ein Leben lang im letzten Glied stehen müssen – Hauptsache, man hat eine sichere Stellung, die genug oder auch ein bißchen mehr abwirft. Bei aller Bescheidenheit bringen's die Stier-Büffel meist dann doch zu einem Häuschen und einem schönen Garten drumherum.

Männer unter diesem Mischzeichen sind zärtliche Ehepartner, die ihre Gattin als eigenen, unveräußerlichen Besitz betrachten. Wehe, da käme ein Lustmolch in die Quere. Der bekäme das andere Gesicht des Stier-Büffels zu sehen, und es flögen die Fetzen. Freilich sieht solch ein aus seiner Reserve gelockter Stier-Büffel auch dann rot, wenn seine Eifersucht das falsche Objekt gefunden hat.

Frauen unter dem Zeichen Stier-Büffel sind gute Hausfrauen und Mütter. Möglich, daß bei der Fürsorge für die ganze Familie der Mann als solcher manchmal zu kurz kommt. Sie liebt ihn deshalb nicht weniger. Ihr Temperament scheint oft seltsam gezügelt. Sie braucht zum Liebesspiel mehr Zeit als andere, die plumpe Art eiliger Verehrer ist ihr ein Greuel.

Man sieht schon: Stier-Büffel beiderlei Geschlechts sind in den zwischenmenschlichen Beziehungen recht angenehm und verträglich. Sie brauchen viel Spielraum, dann fressen sie dem, den sie lieben, aus der Hand. Nur reizen sollte man sie nicht: In diesem Falle lernt man sie von ihrer anderen, weniger liebenswerten Seite kennen, jener mit der Marke „Dampfwalze" (schnaubt kräftig und walzt alles nieder).

Solch negativer Temperamentsausbruch ist äußerst selten, manche wohlbehüteten Stier-Büffel haben ihn im ganzen Leben nie. Man sollte bei dem kleinsten Anzeichen aber gleich zu Kreuz kriechen und einlenken, vielleicht kann man dann das Schlimmste verhüten.

Fazit: Stier-Büffel sind höflich und bis zu einem gewissen Grade selbstlos und zuvorkommend. Man kann mit ihnen in Frieden leben, wenn man sie nicht reizt. Zum Geld haben sie eine gesunde Einstellung, nur in der Liebe bräuchten sie hier und da eine Prise Pfeffer.

Zwillinge-Büffel

(21. Mai bis 21. Juni)

Unter Büffeln stellt man sich gemeinhin etwas Schwerfälliges vor. Gepaart mit dem Zwilling dreht sich das Bild beinahe ins Gegenteil: Es gibt keinen, der bessere Witze erzählen, der eine ganze Gesellschaft so gekonnt allein unterhalten könnte, als den Zwillinge-Büffel. Er ist ein angenehmer Mitmensch, mit dem man gut auskommen kann.

Nehme man nun nur ja nicht an, Zwillinge-Büffel spielten ihr Leben lang den Hof- und Hausnarren für jedermann. Im rechten Augenblick können sie auch auf Ernst umschalten und die Denkerstirn in Falten legen, hinter der brauchbare Gedanken und Pläne geboren werden.

Das nützt dem beruflichen Fortkommen, zumal der jeweilige Denkvorgang mit einer guten Portion Durchsetzungskraft gepaart ist. Außerdem weiß man mit Bauernschläue stets die eigene Meinung ins rechte Licht zu rücken und das, was andere denken und meinen, geschickt ins Abseits zu lancieren. Ist es da nicht verständlich, wenn Zwillinge-Büffel eines Tages den Rahm abschöpfen können, während sich ihre nicht ebenso wendigen Kollegen mit Magermilch begnügen müssen?

Dieser freundliche Zeitgenosse weiß auch im Privatleben zu überzeugen. Ist er männlichen Geschlechts, wird er lange suchen nach dem Schatz, den man trotz seiner reichen Mitgift auch lieben kann. Das Warten macht sich meist bezahlt und hält für ein langes Leben vor: Die sonst bei Zwillingen vermerkte Scheidungsquote sinkt bei jenen in Büffel-Jahren geborenen auf null Komma nichts ab.

Frauen aus diesem Mischzeichen sind schneller im Wort. Das kommt daher, daß sich alle Männer um diese reizenden Persönchen reißen, die für ihr Leben gern flirten. Sie vergeben sich dabei nichts, suchen aus der reichen Auswahl zielsicher den mit den besten Referenzen heraus. Enttäuschungen bleiben bei so schnellen Entschlüssen nicht aus: Schon manche Zwillinge-Büffel-Frau glaubte das große Los gezogen zu haben und war am Ende froh, wenn sie es meistbietend an die nächste Glücksritterin verhökern konnte.

Den Zwillinge-Büffeln beiderlei Geschlechts fliegt so manches zu, was sich am Ende als lockerer Vogel erwies. Nur gut, daß sie Schicksalsschläge mit gutem Humor verdauen und darüber kaum ihre Standfestigkeit einbüßen. So leicht werden Zwillinge-Büffel nicht die Nerven verlieren – ihre Gegner behaupten sogar, sie hätten überhaupt keine...

Krebs-Büffel

(22. Juni bis 22. Juli)

Das Lieblingsplätzchen eines Krebs-Büffels ist die lauschige Kaminecke bei schummriger Beleuchtung und dezenter Radiomusik. Da kann er träumen und über alles Mögliche und manches Unmögliche nachsinnen. Auf einen grünen Zweig kommt er bei solcher Geisteshaltung kaum. Gut, daß die Kaminecken nicht so häufig anzutreffen sind, sonst würde der Krebs-Büffel darüber vergessen, daß auch Romantik hierzulande bezahlt werden muß.

Nur darum findet man die Krebs-Büffel im Berufsleben. Und weiß der Himmel – man schätzt sie! Zwar denken sie langsam, dafür aber um so gründlicher nach. Kein Chef, der solche innerbetrieblichen Sicherheitsfaktoren nicht langfristig binden wollte! Bis zu einem gewissen Grade lassen sich diese Langsam-aber-sicher-Denker sogar ausnutzen. Wenn sie endlich erkennen, daß man eigentlich in langen Jahren viel zu wenig leistungsbezogenes Gehalt erhielt, ist es meist zu spät.

Sie müßten jemanden haben, der sie managt, der ihnen Mut macht zum Opponieren gegen schandbare Ausnutzung menschlicher Arbeitskraft. Aber leider wittern vor allem die Männer dieses Zeichens hinter allen guten Ratschlägen Bevormundung, und die können sie nicht ausstehen. Von daher kommt es auch, daß sie sehr lange wägen, ehe sie sich auf das Abenteuer Ehe einlassen. Der dressierte Mann ist ihnen ein Greuel. Erfahrene Evas-Töchter stimmen darum in eine Ehe auf Probe ein, der erst später die standesamtliche Trauung folgen soll. Das gibt dem Krebs-Büffel den Schein von Freiheit, aber am Ende ist er doch gefangen, ein liebenswerter Partner, der um des lieben Friedens Willen auf eheweibliches Verlangen sogar mal beim Chef um eine Gehaltserhöhung nachkommt.

Weibliche Krebs-Büffel sind die liebenswertesten Geschöpfe unter der Sonne, Seelchen und leicht zerbrechlich. Ein schiefes Wort genügt, um sie zu kränken. Verständnisvolle Partner packen sie in Watte und behandeln sie wie Wickelkinder. Solche Behandlung zahlt sich aus: Man hat eine Frau daheim, die doppelt und dreifach mit Liebe zarte Rücksichtsnahme lohnt.

Was man Krebs-Büffeln beiderlei Geschlechts gönnen möchte, ist eine etwas standfestere Haltung der feindlichen Umwelt gegenüber. Dann würden sie ihren Weg machen, der ihnen von der Intelligenz her eigentlich schon vorgezeichnet ist.

Löwe-Büffel

(23. Juli bis 23. August)

Viel Angriffslust besitzen Löwe-Büffel. Dabei verbrennen sie sich, weil sie das falsche Ziel ansteuerten, öfter mal die Finger. Vom Kopf-durch-die-Wand-Rennen müßten sie übrigens mit der Zeit Kopfschmerzen bekommen...

Machen wir uns nichts vor: Löwe-Büffel sind uns in allerlei Dingen über. Sie schaffen viel und erreichen noch mehr. Man lasse sie wühlen; das Geschäft wird den Nutzen davon haben. Am besten wären sie Manager. Ihre unkonventionelle Art, mit der sie schier Unmögliches möglich machen, ist bekannt. Leistung im Beruf wird bei ihnen großgeschrieben; am liebsten lassen sie jedoch andere für sich arbeiten.

Im Freundeskreis sind sie umfeierter Mittelpunkt. Da wird ein um das andere Mal eine Lokalrunde spendiert. Man läßt sich unter diesem Zeichen nicht gern lumpen, selbst wenn die acht Tage vor dem Ersten zur Gummiwoche werden, in der Schmalhans Küchenmeister ist.

Großzügigkeit ist auch im intimen Bereich Sache der Löwe-Büffel. Vor allem die Männer dieses Mischtyps wissen immer wieder neue Geschenküberraschungen für ihre Liebsten daheim. Einziges Gegengeschenk: Die traute Gattin muß ein ganzes Leben lang vor dem Büffel aus königlichem Geblüt kuschen. Wer das nicht kann, sollte es wenigstens mit dem Zusammenraufen versuchen, männliche Löwe-Büffel lieben diese nichtolympische Sportart sehr.

Frauen aus diesem Zeichen sind richtige Damen, man erweise ihnen Reverenz und schmücke sie mit glitzernden Brillanten. Solche Goldstücke wollen richtig gefaßt sein. Ein Mann, dem das zu teuer kommt, sollte sich von hinnen schleichen.

Und doch: Wen die Löwe-Büffel-Frau innig liebt, den wird sie zu halten versuchen, auch wenn er ihr keine Pretiosen verehren kann. Sie ist der Typ, der mitarbeitet, um Wohlstand zu erreichen. Möglich, daß die Kinder dabei zu kurz kommen – aber eigentlich sollten doch gerade die dankbar sein, eine solch hehre Löwe-Büffelin zur Mutter zu haben.

Löwe-Büffel – Mann wie Frau – sind fröhliche Leute, solange sich niemand über sie selbst lustig macht. Sie treiben mit anderen gern ihr Spiel, doch wehe, andere würden sie necken! Das verletzt ihren Stolz und macht sie rasend. Zum Glück ist ihr Zorn schnell verraucht, wenn man ihr Köpfchen liebevoll krault und ihnen zu Willen ist.

Jungfrau-Büffel

(24. August bis 23. September)

Man sagt Jungfrau-Büffeln Sturheit nach. Was sich dahinter verbirgt, ist jedoch zumeist nur ein handfester Minderwertigkeitskomplex. Sie wollen sich und der Welt beweisen, daß es sich auf eingefahrenen Geleisen immer noch am besten fährt. Neuerungen werden von ihnen erst dann übernommen, wenn sie sich als wertbeständig erwiesen haben.
Jungfrau-Büffel machen sich das Leben oft unnötig schwer. Einmal für richtig Erkanntes fechten sie um jeden Preis durch, selbst wenn sie dann auf dem Scheiterhaufen einer verlorenen Existenz landen. Das Mißtrauen gegenüber ihren Mitmenschen beherrscht die Szene, macht Jungfrau-Büffel schweigsam und in sich gekehrt.
Verschweigen wir es nicht: Mindestens zu achtzig Prozent macht sich das sture Beharren der Jungfrau-Büffel bezahlt; so ganz falsch liegen diese oft verkannten Genies nie, auch wenn der Zweifel an der eigenen Person noch so bohrend nagt. Sie sind die geborenen Buchhalter, weil sie selbst dem elektronisch gesteuerten Computer mißtrauen. Ihr Beharrungsvermögen macht sie zum exzellenten Politiker, der nur sein Schweigen bricht, wenn er etwas Vernünftiges sagen zu können glaubt.
Man bringt es weit in diesem Zeichen, sei es als Mann oder Frau. Nur im intimen Bereich hapert es manchmal an der Kontaktfreudigkeit. Und nur darum finden Jungfrau-Büffel oft erst spät, wonach ihnen gelüstet, ein gemütliches Zuhause nämlich.
Dabei könnte sich jede Frau glücklich schätzen einen Jungfrau-Büffel-Mann zu besitzen. Er ist nicht kleinlich, auch wenn er das Geld zusammenhält. Bei diesem Mann kann man noch nach der Silbernen Hochzeit auf den wöchentlichen Blumenstrauß hoffen. Nur stört ihn manchmal das Stäubchen an der Wand, das seine Herzallerliebste vergaß hinwegzuwedeln. Und solch kleiner Anlaß ist dann oft Grund für einen handfesten Ehekrach. Ein Glück, daß dieser meist die Luft wieder reinigt.
Die Frau aus diesem Zeichen ist ein anschmiegsames Wesen mit dem Temperament eines Eisbergs. Man sollte ihn allmählich auftauen, und beim Dahinschmelzen die Zeit nutzen. Der Ehemann ist nicht schlecht beraten, der seiner Büffel-Jungfrau die Familien-Finanzen anvertraut. Sie wird das Geld verdoppeln und trotzdem den Mann ihres Herzens verwöhnen.
Wie Jungfrau-Büffel das machen, bleibt ihr Geheimnis.

Waage-Büffel

(24. September bis 23. Oktober)

Wo Waage-Büffel auftreten, hinterlassen sie einen nachhaltigen Eindruck. Ihre Haltung ist gerade, ihre Manieren stammen aus erstem Hause. Sie haben Verständnis für ihre Mitmenschen, ecken aber ausgerechnet damit sehr oft an. Das kommt ganz einfach daher, daß sie sich ungefragt in viele Dinge einmischen und Ratschläge geben, nach denen gar nicht verlangt wurde.
Soviel Unverständnis über den wahren Grund ihrer Einmischung müßte sie eigentlich in die Einsiedelei treiben. Ihr geselliger Sinn bewahrt sie vor solch trister Behausung.
Als Beruf sollten sich Waage-Büffel am besten jenen aussuchen, der ihre Berater-Funktion zum Tragen bringen könnte. Im Grunde genommen ist jedoch jeder andere Beruf für sie genau so geschaffen, der Zusammenarbeit gewährleistet. Ein bißchen mehr Durchsetzungsvermögen könnte dabei nichts schaden. Schon mancher Waage-Büffel wurde ausgenutzt ohne jeden eigenen Nutzen.
Im intimen Bereich suchen sich die Waage-Büffel ein warmes Plätzchen, an dem es sich gut schmusen läßt. Findet man derer zwei, ist Geheimhaltung oberstes Gebot. In jungen Jahren ist die Seitenspringerei die bevorzugte Sportart, und selbst ältere Waage-Büffel sollen sich hier und da noch einmal darin versucht haben.
Trotzdem: Waage-Büffel-Männer sind verläßliche Ehemänner; man sollte sich nur ihrer nie so ganz sicher sein und ihnen das geben, was sie eigentlich von zweien verlangen könnten. Gescheite Frauen bringen das fertig. Und zum Glück fallen Männer dieses Zeichens fast nur auf gescheite Frauen herein.
Die Frau dieses Mischtyps ist eine Eva mit allen Attributen holder Weiblichkeit. Sie kleidet sich mit Raffinesse. Man sollte bei solchen Vorzügen still darüber hinwegsehen, daß sie den Haushalt oftmals ein wenig nonchalant führt. Sie ist eine bravouröse Köchin, nur mit dem Geschirrspülen hapert's ein wenig.
Frau wie Mann aus dem Waage-Büffel-Zeichen sind, man sieht's, ein bißchen Bohémiens, nicht stur auf starre Häuslichkeit ausgerichtet. Sie sind gastfreundlich, aber es ist durchaus möglich, daß sie sich ein Vielfaches zurückholen, das sie für den Gast ausgaben. Was macht's? Man sieht sie gern und reicht sie mit vielen Empfehlungen weiter.
Waage-Büffel sind liebenswerte Menschen, obwohl sie wie alle Büffel Hörner tragen, die sie freilich meist anderen aufsetzen.

Skorpion-Büffel

(24. Oktober bis 22. November)

Die Hörner zum Kampf gesenkt, den Giftstachel zum Einstich bereit – so stellen sich manche Skorpion-Büffel dar. Aber keine Angst – zunächst wollen sie nur ihre Umwelt erschrecken. Die so zur Schau gestellte Angriffsbereitschaft ist in Wirklichkeit ein Friedensangebot: Tust du mir nichts, tu ich dir auch nichts!

Skorpion-Büffel werden sogar als gute, hilfsbereite Kollegen, als sozialeingestellte Chefs geschätzt. Ihr Eigensinn hat schon manchem Betrieb aus der Patsche geholfen, ihr starres Beharren gab anderen den Halt, eine Notlage glücklich zu überstehen. Gescheiterte Existenzen gibt es unter Skorpion-Büffeln kaum.

Privat finden sie oft nicht den rechten Anschluß. Nicht, daß sie kontaktarm wären! Nein, bei aller Freundlichkeit, mit der Skorpion-Büffel ihren Mitmenschen begegnen, spüren diese wohl, daß in der Nachtseele des Sternenmischlings manches kocht und brodelt. Wer bändelt schon gern mit einem noch tätigen Vulkan an?

Freunde, die es mit dem Skorpion-Büffel versuchten, wissen freilich, daß er auch dann noch zu ihnen steht, wenn sie von anderen verfemt und verlassen würden. Skorpion-Büffel kennen keine Vorurteile; wen sie einmal ins Herz geschlossen haben, an dem halten sie fest. Das ist wohl die schönste Seite ihres sprichwörtlichen Eigensinns.

Männer dieses Typs lernen schon früh die Liebe kennen. Über den ersten Versuch kommen sie auf den Geschmack. So machen sie einschlägige Erfahrungen. Feste Verhältnisse scheitern oft an einem weiteren Wesenszug des Skorpion-Büffel-Mannes: Im Jähzorn kann er die schönste Aussteuer zerfetzen. Das heulende Elend läßt er zurück. Eine Entschuldigung oder gar ein Zu-Kreuze-Kriechen läßt sein Stolz nicht zu. So endet traurig, was die große Liebe schien. Am Ende nimmt er sich die Frau, von der er glaubt, daß sie seinen Kindern eine gute Mutter ist – die Liebe, meint er, kommt dann schon von selber.

Weibliche Skorpion-Büffel reagieren anders. Für sie ist die Liebe Selbstzweck, Beweis, daß man den Männern gefällt. Sex ist für sie blutvolles Leben. Sie können Männer verhexen, aber kurz vor der Bettkante so tun, als sei nichts gewesen. Sie spielen mit den Männern und suchen derweil den Einzigen, den Richtigen. Haben sie ihn gefunden, sind sie treu. Aber so ganz sicher sollte sich niemand seiner Skorpion Büffel-Frau sein.

Schütze-Büffel

(23. November bis 21. Dezember)

Hier sind alle Büffel-Tugenden, gemixt mit dem umgänglichen Wesen eines Schützen, vereinigt. Schütze-Büffel arbeiten gern und viel, wenn sie ein Ziel vor Augen haben. Sie dürfen nicht in einen unliebsamen Beruf gedrängt werden; dort müßten sie verkümmern. Sie wollen mit Liebe und Elan bei der Sache sein. Daß sie dabei ein um das andere Mal ihren Einsatz übertreiben, erklärt sich aus ihrem Eifer, voranzukommen, leistungsgerecht bezahlt zu werden.
Künstlerische Berufe werden von ihnen bevorzugt, aber sie packen auch dort an, wo Kraft und Mut verlangt werden. Als Unternehmer werden sie einen hohen Einsatz wagen und, wenn's nottut, selbst zugreifen. Mitbestimmung ist für sie kein Schlagwort, sie wird von ihnen praktiziert. Schütze-Büffel drängen immer zur Spitze, wer sie vor sich hat, braucht das nicht zu bereuen.
Den Frieden lieben sie über alles. Trotzdem sollte sich niemand mit ihnen anlegen – er zöge den Kürzeren. In Redeschlachten bleiben sie meist Sieger; nur im äußersten Notfall greifen sie zum Mittel der Gewalt. Daß solch umgänglicher Typ viele Freunde findet, ist verständlich. Er schart sie um sich, ist stets der Mittelpunkt. Bloß schade, daß die Freunde so oft wechseln, weil es den Schütze-Büffel immer wieder in neue Kreise zieht, wo er alte Freunde glatt vergißt.
In der Liebe ist der Mann aus diesem Zeichen ein Alleskönner. Seine galante Art mit Frauen umzugehen, ist bekannt. Wenn er liebt, ist es immer die große Liebe. Das läppert sich mit der Zeit zusammen. Die er verließ, trauern ihm nach und wären nur zu gern bereit, noch einmal mit ihm anzubändeln. Am Ende wird er regelrecht eingefangen und muß sein Ja-Wort geben. Frauen glauben an seine Treue, aber besser tun sie daran, ihren Schütze-Büffel mit allen weiblichen Extramitteln zu fesseln, sonst könnten sie ihr blaues Wunder erleben.
Schicke Persönchen sind die Schütze-Büffel-Damen. Sie bereiten dem Mann ihrer Wahl den Himmel auf Erden. Was macht es, daß dieser Himmel hier und da voller Wolken hängt, weil die Büffel-Schützin wieder mal über der Liebe die Hausfrauenpflichten vergaß? Mit der Zeit pendelt sich auch das ein. Nur langweilig darf's der Schütze-Büffel-Dame in der Ehe nicht werden, dann sucht sie eigene Wege und ward nicht mehr gesehen!

Steinbock-Büffel

(22. Dezember bis 20. Januar)

Wenn man wissen will, wie ernst das Leben eigentlich ist, sollte man den Steinbock-Büffel fragen. Der nimmt's tragisch, vergißt den Müßiggang und macht auf ungemütlich.
Chefs schätzen sich glücklich, solch ernsthaftes Arbeitstier zu haben, das allen alles vormacht und das auch widerspruchslos Überstunden leistet, weil Arbeit nun mal sein Leben ist. Nichtsnutzige Hobbies sind ihm verhaßt, überschäumende Vergnügen ein Greuel.
So entgeht den Steinbock-Büffeln mit der Zeit viel Spaß an der Freude, wenn sie nicht rechtzeitig jemanden finden, der sie aufmuntern kann. Solchen Freunden halten sie die Stange, unterstützen sie mit allen Mitteln, die ihnen zur Verfügung stehen.
Daß bei verheirateten Steinbock-Büffeln das Eheleben oft zu kurz kommt, dürfte selbstverständlich sein. Ihr Sex scheint manchmal unterkühlt, vielleicht gerade deshalb, weil sie die Ehepflichten ernst nehmen. Manch Steinbock-Büffel-Partner möchte aber nicht nur pflichtgemäß handeln, sondern auch seine Freude am Sex und an der Liebe haben.
Da sie meistens Vernunftehen schließen, kommt es unter diesem Mischzeichen übrigens kaum zu Scheidungen. Am besten, man ehelichte jemanden, der ebenso ernsthaft über das Leben nachdenkt wie der Steinbock-Büffel. Aber wo findet man solch Gleichgesinnten bei all den Aufgaben und Arbeitsverpflichtungen, die man sich angelastet hat?
Frauen dieses Typs sind da besser dran als die Männer aus solchen Zeichen. Sie können, wenn sie nicht gar zu sehr an ihrem Beruf festhalten, exzellente Haufrauen und Mütter sein, die sich für Mann und Familie aufopfern. Für sie ist die Ehe dann nichts anderes als ein Arbeitsplatzwechsel. Ob das für die intimen Beziehungen langt, mag die Zukunft erweisen.
Steinbock-Büffel-Männer haben es schwerer; die meisten retten sich in ein Patriarchentum, das Emanzipation nicht zuläßt. Frauen müssen den unbequemen Ehemann schon sehr lieben, wenn sie sich in ein solch veraltetes System pressen lassen.
Schönster Zug am Steinbock-Büffel: Er ist trotz aller Sparsamkeit sehr freigiebig, unterstützt wohltätige Organisationen ebenso wie in Not geratene Freunde. Und auch seinen Kindern wird es an nichts fehlen. Denn bei aller Kühle, die er nach außen zur Schau stellt, hat er ein gutes, mildtätiges Herz.

Wassermann-Büffel

(21. Januar bis 19. Februar)

Kaum einer unter dem Sternenhimmel ist so tolerant wie der Wassermann-Büffel. Er scheint zum Beichtvater geboren zu sein. Seine Verständigungsbereitschaft kommt von innen; Äußerlichkeiten liegen ihm nicht.

Man sollte solch charakterfeste Menschen in den Stadtrat wählen. Sie werden sich einsetzen und unberechtigten Wünschen einen festen Willen entgegensetzen. In solchen Körperschaften hält es ein Wassermann-Büffel leider nie lange aus, weil er kraft seiner Intelligenz und seines Fachwissens in andere Stellungen drängt. Er wird seine Überlegenheit nie einen anderen spüren lassen, Ellenbogen-Arbeit ist ihm verhaßt. Gewalt übt er nur mit Sammetpfötchen aus. Er besitzt Autorität, ohne autoritär zu sein.

Auch als Partner ist er liebenswert. Wassermann-Büffel-Männer verstehen etwas von der Liebe. Mit sanfter Gewalt locken sie ihr Opfer an und verspeisen es mit Haut und Haaren. Das Komische ist, daß sich die „Opfer" von ihm alles wehrlos gefallen lassen.

In der Ehe kommt es zwangsläufig zu einer Aufgabenteilung: Der Wassermann-Büffel schafft an, die Ehefrau gibt ihr Bestes, um ihn zufriedenzustellen. Die Freiheit, die er braucht, nimmt er sich. Seine Frau sollte mehr die innere Freiheit üben. In den häuslichen Debatten zeigt er sich als Meister – wer will da behaupten, seine Frau habe nichts zu sagen?

Die Wassermann-Büffel-Dame ist recht lebenslustig. Wen sie liebt, den bewacht sie eifersüchtig. Trotzdem läßt sie dem Mann in der Ehe viel Spielraum. Sie gönnt ihm den Stammtisch und auch den Kleingartenverein. Nur gegessen wird zu Hause. Und welcher echte Mann möchte nicht bei einem solchen Sex-Kätzchen gerne speisen?

Wassermann-Büffel, Mann wie Frau, sind reizende Wesen, die mit Elan auf ein einmal gestecktes Ziel zugehen. Sie überspielen mit Leichtigkeit und Charme etwaige Konkurrenten und erreichen im Leben eigentlich alles ziemlich schnell. Mögliche Pleiten buchen sie als Erfahrung ab. So fallen sie immer wieder auf die Füße und können in späteren Jahren die Früchte ihrer Arbeit ernten.

Trotz Häuslichkeit und Anhänglichkeit an die eigene Familie neigen sie aber manchmal dazu, aus einer festen Gemeinschaft auszubrechen. Dann packt sie bei aller büffelhafter Gelassenheit die Abenteuerlust des Wassermanns. Wie gut, daß sie die eigene Vernunft meist im entscheidenden Augenblick zurückhält.

Fische-Büffel

(20. Februar bis 20. März)

Den Fische-Büffeln sitzt der Schalk im Nacken, aber es ist möglich, daß andere ihre Späße nicht so recht verstehen. Und das begreifen die Fische-Büffel nicht.

Man reize diese Sternenmischlinge nicht; ihr Fell ist dünnhäutiger als das ihrer Artgenossen. Sie schnappen leichter ein, und dann hängt der Haussegen schief, und Qualm ist in der Küche, unter Umständen tagelang. Sie schmollen, weil sie eigentlich nur das Beste wollten. Wenn die Mitmenschen das nicht begreifen, sollen sie sich zum Teufel scheren, basta!

Im Beruf sind die Fische-Büffel gute Arbeiter, sie nehmen ihre Aufgabe ernst. Sie würden auf Anweisung alles tun, aber sie hassen den, der anschafft. Man müßte sie bitten, um ein Höchstmaß an Leistungen aus ihnen herausholen zu können. Auf dieser Welle sind sie ansprechbar. Am besten, man gibt ihnen ein eigenes Arbeitsgebiet, in dem sie für sich werkeln können, ungestört von jenen, deren Ratschläge sie als Besserwisserei abtun könnten.

Man sieht, so ganz leicht ist das Auskommen mit diesen an sich sonnigen Typen nicht. Man braucht schon ein wenig psychologisches Fingerspitzengefühl, um ihnen beizukommen. Hat man jedoch einmal ihr Herz gewonnen, gehen sie für einen durchs Feuer.

Das macht sie zu in Maßen verträglichen Ehepartnern. Frauen aus dem Fische-Büffel-Zeichen wickle man in Watte ein. Man achte ihre zarten Gefühle ebenso, wie ihre sporadischen Zornausbrüche, die meist in tränenreichen Anklagen gegen die ach, so böse Umwelt enden. Man muß diese sanften Hascherln inklusive Tränenkrüglein lieben, zeige ihnen gegenüber aber niemals Mitleid.

Männer dieses Mischtyps weinen nicht. Sie spielen eher den Überlegenen, aber wenn der heilige Zorn durchbricht, ist die Überlegenheit beim Teufel. Sie sind fürsorgende Familienväter und rührende Ehemänner, wenn man nach ihrer Heimkehr von der Arbeit die vorgewärmten Pantoffeln für sie bereit hält und ihnen zuhört. Sie haben immer viel zu erzählen. Was man selbst zu sagen hat, stehe unter dem Leitspruch: Fasse dich kurz!

Männer und Frauen aus dem Fische-Büffel-Zeichen haben zum Geld die durchaus realistische Einstellung, daß der Rubel rollen müsse. Gegenüber denen, die sie lieben, sind sie großzügig. Für sich selbst brauchen sie nicht viel, höchstens mal ein Fläschchen Wein, in dem man seinen Kummer ertränken kann.

虎

Der verwegene Tiger

vom Widder bis zu den Fischen

Sind Sie nach der chinesischen Astrologie unter dem Zeichen des Tigers zur Welt gekommen? Dann müßten Sie in einem der nachstehend aufgeführten Jahre des Tigers geboren worden sein:

21.1.1890– 8.2.1891
27.1.1902–29.1.1903
26.1.1914–14.2.1915
13.2.1926– 1.2.1927
1.2.1938–18.2.1939
18.2.1950– 6.2.1951
5.2.1962–25.1.1963
24.1.1974–10.2.1975

Widder-Tiger

(21. März bis 20. April)

Sie sind wie ein Düsenjäger, der die Schallmauer durchbricht: rasant elegant, schier unaufhaltsam. Aber sie sind auch, weil zu laut, für viele ein Ärgernis. Widder-Tiger stürmen und drängen, sie kennen nur das Vorwärts, der Rückwärtsgang setzt bei ihnen Rost an. Das macht sie für feige Flankenangriffe verwundbarer als andere Tiger.

Im Berufsleben haben sie verständlicherweise manchen Gegner, den sie mit der ihnen eigenen forschen Art niederkämpfen. Nur an wenigen beißen sie sich die Zähne aus, den meisten sind sie über. Widder-Tiger sind alles andere als Mimosen. Sie können Rückschläge verkraften. Das härtet sie ab und bringt sie mit der Zeit Stufe um Stufe auf der Erfolgsleiter höher. Man mag sie nicht unbedingt, aber man braucht sie, ihren Elan, ihre fortschrittlichen Ideen, ihren Mut zum Wagnis.

In dieser Hinsicht stehen die Widder-Tiger-Frauen ihren Brüdern aus dem selben Mischzeichen in keiner Weise nach. Als Heimchen am Herde sind sie nicht zu verwenden. Sie wollen in der Ehe mitarbeiten, zum mindesten ein ausgedehntes Mitspracherecht haben. Sie haben ihren Stolz und sind nicht leicht zu erobern.

Wenn sie endlich den gefunden haben, der ihnen imponiert, bleiben sie ihm treu. Sie ordnen sich ihm sogar unter, wenn er die besseren Argumente bringt. Ein Hampelmann wäre neben der Widder-Tiger-Frau fehl am Platze.

Die Männer dieses Mischtyps sind, so kämpferisch sie sich im Berufsleben auch gebährden, daheim die zärtlichsten Ehepartner. Sie suchten einige Zeit mit wechselndem Glück und zur Erprobung die eine, mit der sie ein Heim und eine Familie gründen konnten. Sie hat es bei ihnen vor allem darum so gut, weil Widder-Tiger glauben, selbst nur die richtige Wahl treffen zu können. Um des lieben Friedens willen gehen diese harten Burschen zu Hause auch mal den untersten Weg, was sonst gegen ihre Ehre wäre. Kann sich eine Frau einen besseren Ehemann wünschen?

Was Männer und Frauen aus dem Widder-Tiger-Zeichen besonders auszeichnet, ist ihre Kinderliebe. Ihre Sprößlinge haben, so lange der Widder-Tiger-Elternteil es kann, jede nur mögliche Unterstützung zu erwarten. Wer sie angreift, bekommt es mit dem Widder-Tiger zu tun!

Man sollte der Freund des Sternenmischlings werden, um sein gutes Herz kennenzulernen. Als Gegner hat man bei ihm nichts zu lachen.

Stier-Tiger

(21. April bis 20. Mai)

Katzengewandt, wenn es ums liebe Geld geht, aber sonst recht harmlos sind die Stier-Tiger gute Kameraden, die mit einfühlsamem Instinkt jedem aus der Patsche helfen. Sie verlangen keinen Dank, Hilfsbereitschaft ist für sie die größte Selbstverständlichkeit der Welt.

Am meisten leisten Stier-Tiger in Berufen, die mit den Finanzen zu tun haben. Hier entwickeln sie das Gespür, wie man Geld verdoppeln und verdreifachen kann. Ihr Rat ist schon Kapitalanlage. Daß sie bei solch glücklicher Ader auch selbst nicht zu kurz kommen, dafür sorgen jene, die sich ihrer bedienten. Mehrstellige Zahlen in Sparkassenbüchern sind beim Stier-Tiger nicht selten.

Nun denke man aber nur ja nicht, dieser Sternenmischling sei ein Geizkragen! Nein, er läßt andere an seinem Reichtum teilhaben. Am liebsten macht er teure Geschenke. Das sieht manchmal so aus, als wolle er protzen; wer ihn aber richtig kennt, weiß, daß seine Freigiebigkeit aus übervollem Herzen kommt, abgesehen davon, daß man Geschenke als Spesen verbuchen und absetzen kann.

Wild sind sie nicht, diese Stier-Tiger. Und deshalb kann man sie leicht zähmen. Was sie suchen, aber nicht immer finden, ist der verständnisvolle Partner, der ihre Empfindsamkeit nicht verletzt.

Männer dieses Zeichens haben viel für gescheite Frauen übrig, von denen sie noch lernen können. Sie sind gewillt, ihr Eheweib auf Händen zu tragen und es in Samt und Seide zu kleiden. Nur ausführen werden sie es nicht allzu oft wegen der gierigen Blicke, die andere Männer auf das schicke Frauchen werfen könnten, das man für sich allein besitzen möchte.

Stier-Tiger-Frauen besitzen die Portion Eifersucht ebenfalls, aber sie vertuschen sie geschickter. Überdies glauben sie zu wissen, daß der Mann, der zu ihnen fand, keine andere mehr möchte. Stier-Tigerinnen sind halt sehr von sich und ihren Werten überzeugt. Einziges Manko, das bei ihren männlichen Artgenossen nicht so stark ausgebildet ist: Sie sind furchtbar leicht eingeschnappt und gleichen dann stundenlang jener berühmten „beleidigten Leberwurst". Man gehe also behutsam mit ihnen um, sie werden es danken durch viel Sex und nimmermüde Liebe.

Stier-Tiger beiderlei Geschlechts haben eigentlich nur Gutes an sich, wenn man über kleine charakterliche Unebenheiten einmal hinwegsieht.

Zwillinge-Tiger

(21. Mai bis 21. Juni)

Mit Vehemenz stürzen sich Zwillinge-Tiger ins volle Menschenleben und erreichen mit Wagemut, der an Waghalsigkeit grenzt, oft Spitzenkarrieren. Ihre Intelligenz ist besonders hoch entwickelt, weshalb man ihnen nicht so leicht beikommen kann. Zumal noch eine gute Portion Rücksichtslosigkeit hinzukommt, steht ihrem Fortkommen eigentlich nichts im Wege.
Sie leisten im Beruf stets Überdurchschnittliches. Obwohl sie schaffen können wie kein Zweiter, lassen sie gern andere für sich arbeiten. Da sie schnell vorwärtskommen, ist das weiter kein Problem.
In Gesellschaften wirft man bewundernde Blicke auf die Zwillinge-Tiger, die in der Liebe buchstäbliches Glück haben. Männer dieses Zeichens sind reinste Casanovas, die sich rühmen können, manche Unschuld geraubt zu haben. Wer von ihnen verlassen wurde, sehnt sich nach ihrem Liebesspiel zurück. Bei soviel überschäumendem Sex-Temperament nimmt es nicht wunder, daß bei den Zwillinge-Tigern die Scheidungsquote die höchste von allen Mischtypen ist. Man hält es nicht lange an der Seite einer einzigen Frau aus, es gibt soviele andere, die nur darauf warten, geküßt und geliebt zu werden. Was den Zwillinge-Tiger halten könnte, wäre eine Frau seines Intelligenzgrades oder eine mit sehr viel Geld. Am besten sie bringt beides mit.
Auch die Zwillinge-Tiger-Frau wird umschwärmt von Playboys jedweder Schattierung. Sie spielt mit ihnen, nimmt sich schließlich doch einen Herrn, Marke Gentleman, den sie herzeigen kann. Er sollte ihr die Langeweile vertreiben. Kann er das nicht, sucht sie sich außerhalb Ersatz; denn auch bei Zwillinge-Tiger-Frauen wird man schnell geschieden. Das braucht nicht zu sein, wenn man sich an ihrer Seite die Liebe täglich neu erkämpft.
Wir sagten schon: Zwillinge-Tiger beiderlei Geschlechts fällt es leicht, im Leben voranzukommen. Das einzige, worüber sie stolpern könnten, ist ihr Tatendurst, der immer neue Ziele sucht. Sie lieben den Wechsel, hassen das Beständige, das sie als „alten Hut“ abtun möchten. Nur gut, daß auch bei ihnen mit den Jahren die Erfahrung wächst, wie sinnlos wagemutiger Einsatz am falschen Objekt sein kann.
Zwillinge-Tiger muß man bewundern. Bester Zug vor allem: ihre sprichwörtliche Toleranz. Sollte man da nicht auch tolerant ihren vermeintlichen Fehlern gegenüber sein?

Krebs-Tiger

(22. Juni bis 22. Juli)

Die unter dem Krebs-Zeichen geborenen Tiger sind so, wie sie ein chinesisches Sprichwort sieht: Sie schleichen sich ein und wollen nicht gesehen werden. Krebs-Tiger haben viele Geheimnisse.

Selbst der Partner, den sie lieben, weiß oft nicht, woran er mit ihnen ist. Und dann kann es plötzlich aus den Krebs-Tigern hervorbrechen, wie wenig sie doch eigentlich verstanden werden. Verstehe einer Leute, die stets und ständig mit ihrer Meinung hinter dem Berge halten!

Richtig eingesetzt, leisten die Krebs-Tiger im Beruf Überdurchschnittliches. In den Vorzimmern sind sie die rechte Hand des Chefs, sie sind die geborenen Geheimnisträger, denen selbst der geschickteste Pressemann nichts entlocken kann. Als Unternehmer haben sie eine gute Hand in der Wahl ihrer Mitarbeiter, aber letztgültige Entscheidungen behalten sie sich vor.

Wir deuteten es schon an, daß ihre Partner es manchmal schwer haben. Dabei sind die Krebs-Tiger von allen ihren Artgenossen die häuslichsten. Man kann sie am leichtesten zähmen, wobei man sich nur vor ihren scharfen Krallen und ihren spitzen Zähnen hüten sollte.

Der männliche Krebs-Tiger liebt das gepflegte Heim, das ihm vielleicht schon seine Mutter bot, an der er so sehr hängt, daß er in der Ehe Vergleiche zu seiner Frau zieht. Diese kommt dabei oft nicht sehr gut weg, denn wer könnte sich als junge Hausfrau mit solch erfahrener schon messen? Am besten, man schaut sich bei der Schwiegermutter ein paar Kniffe ab und bringt seinem Krebs-Tiger nach der Heimkehr von der Arbeit die Pantoffeln. Dann schnurrt er wohlig und fühlt sich endlich wie bei Muttern daheim. Möglich, daß manche Frau solch häuslichen Ehemann auf die Dauer langweilig findet...

Die Krebs-Tigerin hat mehr Temperament als ihr männlicher Artgenosse. Sie ist lustig und gescheit, was sie aber nicht daran hindert, schon bei der ersten intimen Bindung an die große Liebe zu glauben. So schliddert sie im Nu in den Bund fürs Leben und macht möglicherweise ihre erste traurige Erfahrung, wenn sie den Mann, den sie heiß zu lieben wähnte, im täglichen Zusammensein richtig kennenlernt. Ändert sich der Ehemann nicht augenblicklich in ihrem Sinne oder lobt zumindest Besserung, betrachtet die Krebs-Tigerin das Kapitel Ehe als beendet und zieht zurück zu ihrer Mutter. Mag der verlassene Tölpel auch noch so suchen, eine bessere als die Krebs-Tigerin findet er nie und nimmer.

Löwe-Tiger

(23. Juli bis 23. August)

Sie tragen ihren Kopf höher als andere, die Königstiger aus dem Löwe-Zeichen. Sie wissen um ihre Würde, die sie sogar Selbstkritik wider besseres Wissen verabscheuen läßt. Ihre letzte Habe können sie als milde Gabe unters Volk streuen, wenn es ihnen nur huldigt.
Wer sie treffen will, verletze ihren königlichen Stolz. Sie werden aufbrüllen, daß die Wände wackeln, und sich die Blöße geben: Wer schreit, hat unrecht. Erkennen Löwe-Tiger, daß sie unterlegen waren, haben sie einen Todfeind mehr, den sie von nun an mit allen zur Verfügung stehenden Mitteln verfolgen werden. Katzenhaft werden sie sich anschleichen und es dem Armen heimzahlen – irgendwann.
Man fasse Löwe-Tiger auch im Berufsleben mit den berühmten Glacéhandschuhen an. Als Kollegen sind sie freundlich, wenn man ihnen die Achtung entgegenbringt, die ihnen gebührt. Leistungen anderer spornen sie zu noch besseren Leistungen an. Da sie sich und ihr Können vorzüglich verkaufen können, werden sie bald alle anderen Leistungsträger überflügelt haben. Was ihnen manchmal einen Strich durch die Karriere-Rechnung macht, ist ihr übersteigertes Selbstbewußtsein, das sie blind erscheinen läßt gegenüber manchen negativen Vorgängen in ihrer Umwelt.
Der männliche Löwe-Tiger sucht sich für die blauen Stunden am Kamin eine zarte Gespielin, die ihm lächelnd zu Willen ist. Er staffiert sie mit Gold und Geschmeide aus und führt sie in die Gesellschaft als seine Königin ein, die man bewundern muß, weil sie ihn, den Einzigartigen, bekam!
Das zweibeinige Wild wird vom Löwe-Tiger in jungen Jahren gern gejagt. Schließlich muß auch ein Königstiger aus dem Löwehaus einschlägige Erfahrungen sammeln. Bindet er sich endlich fürs Leben, ist er der treuesten einer. Die kluge Gattin weiß ihn zu nehmen, wie er ist. Der netteste Ehemann kann schließlich mal aufbrausen und aus der Rolle fallen – man sollte ihm nicht widersprechen, hernach seinen Dickkopf kraulen, und alles ist wieder gut.
Löwe-Tigerinnen angeln sich meist den Mann, der ihre königliche Haltung durch teure Kleider und wertvollen Schmuck ergänzt. Wie es das Schicksal aber will, fallen sie eventuell auch mal auf einen armen Schlucker herein, der ihnen außer viel Liebe sonst fast nichts bieten kann. Den staffieren sie aus eigenen Mitteln aus, und bald wird er ihrer würdig. An der Seite solch herrlicher Löwe-Tigerinnen muß man ja zu etwas kommen!

Jungfrau-Tiger

(24. August bis 23. September)

Rohe Gewalt ist nicht das Geschäft der Jungfrau-Tiger, sie arbeiten lieber mit Köpfchen. Und darum bringen sie es auch von allen Tigern am weitesten. Viele von ihnen finden sich in Chefetagen wieder.

Damit ist schon der Berufsweg des Jungfrau-Tigers vorgezeichnet – er kann nicht unten bleiben. Die wenigen unter ihnen, die der Karriere hinterherhinken, sind meist jene, die von übelwollenden Menschen lahmgeschossen wurden, über irgend einen dunklen Punkt stolperten. Sie bleiben bei weitem in der Minderzahl.

Die große Mehrheit der Jungfrau-Tiger gewinnen durch überragendes Können erste Positionen. Sie haben es nicht nötig, die Ellenbogen einzusetzen – Gegner spielen sie leicht an die Wand, weil sie gescheit und besonnen sind. Ihre Tüchtigkeit rücken sie selbst in das rechte Licht, Referenzen brauchen sie kaum.

Nur in der Liebe ist ihr Vorwärtsdrang seltsam gehemmt. Das Jungfräuliche überdeckt da oft das tigerhaft Zupackende. Außerdem wägen die Klugen meist zuviel und lassen so das Wild entkommen, das sie schon gestellt zu haben glaubten.

Männliche Jungfrau-Tiger sind übrigens reizende Ehemänner, die ihrer Gattin jeden Wunsch von den Augen ablesen. Langt's Geld dazu nicht, pumpt man sich's trotz jungfräulichem Sinn zur Sparsamkeit. Großzügig geht die Welt zu Grunde! Gewiß ist nur: Der Jungfrau-Tiger bringt am Ende alles wieder doppelt und dreifach herein.

Einziges Manko für die teure Gattin: Wer einmal einen Jungfrau-Tiger erjagte, der muß ihn für immer behalten. Scheidungen sind unter diesem Zeichen sehr selten. Aber sie sollte froh sein, daß sie ihn hat, einen Besseren wird sie kaum finden, auch wenn seine Sexgelüste hinter jenen nach deftiger Mahlzeit und exzellenten Weinen zurückstehen mögen.

Jungfrau-Tigerinnen sind nicht leicht zu erobern. Glaubt man sie gefangen zu haben, entwischen sie bei Nacht und Nebel und sind nicht mehr gesehen. Sie sind scheuen Rehen vergleichbar, die dem Jäger aus dem Wege gehen, wo sie nur können. Der Mann, der sie zum Altar führt, muß ihnen durch Witz und Geist imponieren. Ein dummer Bursch hat bei ihnen bald ausgedient. Einmal unter die Haube gekommen, tut die Jungfrau-Tigerin für den Mann und die Kinder alles, für die Kinder sogar noch ein bißchen mehr. Man muß sie ob solch guter Eigenschaften lieben und verehren. Wenn sie nur zu gegebener Zeit ein wenig temperamentvoller wäre...

Waage-Tiger

(24. September bis 23. Oktober)

Man sieht den Waage-Tiger gern auf Partys und feuchtfröhlichen Gesellschaften. Er ist charmant und freundlich, ein umgänglicher Mensch, der – wie es scheint – keinem etwas zu leide tun kann. Doch gerade diese Haltung wird ihm oft zum Schlechten ausgelegt. Er sei unsicher, sagen seine Vorgesetzten, und die lieben Kollegen versuchen, ihn über den Löffel zu balbieren.
Und plötzlich bricht des Tigers Streitlust durch, die ohne Konfrontation bis dahin von der Waage Sinn für Harmonie überspielt wurde. Mit anderen Worten: Der Waage-Tiger fällt von einem Extrem ins andere. Und das wird ihm dann möglicherweise noch übler genommen.
Können Sie verstehen, daß sich bei solcher Sachlage der Waage-Tiger oft ungerecht behandelt vorkommt? Das drückt im Beruf seine Leistung, macht ihn vielleicht tatsächlich ein wenig unsicher und erschüttert insgeheim den Glauben an die eigene Tüchtigkeit. Manchmal gibt er sich dann einen Ruck und zeigt plötzlich Rückgrat. Nur so kann er zu etwas kommen!
In der Ehe sind Waage-Tiger leicht zu zähmen, wenn nur der Käfig so groß ist, daß sie ein wenig Bewegungsfreiheit haben. Kluge Waage-Tiger-Partner lassen ihnen sogar in Grenzen freien Auslauf. Sie wissen: Ihr Waage-Tiger kehrt immer wieder an die heimische Futterstelle zurück.
Waage-Tiger haben eine ganze Menge Hobbys. Sind sie künstlerisch begabt, staffieren sie die eigene Wohnung mit selbstgemalten Ölbildern aus. Die kluge Ehefrau kritisierte solche Künste nicht; denn Kritik von der eigenen Frau treibt den Waage-Tiger auf die Palme, von der er dann nur schwer wieder herunterzulocken ist. Was er braucht, ist eigentlich die liebenswerte Frau, die ihn ab und zu streichelt und mit sanften Worten führt und leitet.
Waage-Tiger-Mädchen sind meist schlanke Geschöpfe, die den Männern den Kopf verdrehen. Sie beißen aber wohl nur da an, wo neben Liebe auch ein wenig Geld oder zumindest ein Titel vorhanden ist. In der Ehe sind sie Schmusekätzchen, die die Liebeskunst als Hobby betreiben, wobei heißblütige Ehemänner voll auf ihre Kosten kommen, auch wenn sie als Gegengabe hinterher einiges springen lassen müssen, mit dem sich die Waage-Tiger-Dame gar zu gern schmückt: Schicke Kleider etwa oder echten Modeschmuck. Dafür trägt sie das Bild ihres Herzallerliebsten nicht nur im Herzen, sondern auch sichtbar an einer güldenen Anstecknadel mit sich herum.

Skorpion-Tiger

(24. Oktober bis 22. November)

Wenn es nicht nach dem Willen der Skorpion-Tiger geht, stellen sie sich quer und erreichen auf Schleichwegen meist doch das Ziel, das sie sich gesteckt hatten. Sie wildern in fremden Revieren – wer sie aber einmal als Freund gewonnen hat, der kann auf ihre Unterstützung zählen.
Skorpion-Tiger sind oft etwas schwerfällig. Sie verbergen Nicht-Wollen oder Nicht-Können hinter lustigen Sprüchen, die vom eigentlichen Geschehen ablenken sollen. Untiefen in ihrem Wesen gestehen sie ungern ein.
Im Beruf suchen sie die Umwege, um zum Ziel zu kommen. Sie lassen gern einen andern für sich schaffen, schmücken sich aber zur Not mit dessen Federn. Wenn sie sehen, daß sie nicht weiterkommen können, arbeiten sie streng nach Vorschrift (nur böse Zungen mögen das als Faulheit auslegen) oder wechseln eilig die Stellung.
Meist sind Skorpion-Tiger robuste Naturen, die so leicht nichts umwirft. Sie lieben den Kampf mit offenem Visier in dem Bewußtsein, im Gefahrenfall die scharfen Krallen ausfahren zu können oder gar den giftigen Stachel. Für Skorpion-Tiger sind stets die anderen schuld, wenn es zum Debakel kommt.
Auch im intimen Bereich sind Skorpion-Tiger nicht leicht zu nehmen. Ihr Sex ist fordernd. Schon manche Heißgeliebte schickte der männliche Skorpion-Tiger mit einem Geschenk nach Hause, wenn er ihrer überdrüssig wurde. Aber er sucht schnell neuen Anschluß, bis er endlich die Frau gefunden zu haben glaubt, mit der er ein kuscheliges Nest bauen kann.
Sein Heim muß weiträumig sein, womöglich mit einem eigenen Studierzimmer, in das er sich, wenn's kracht, zurückziehen kann. Abgesehen davon sind Ehekrachs für ihn überflüssig: Er ist der Herr im Hause, dem man sich zu fügen hat. Das Wort Emanzipation ist ihm unbekannt. Vielleicht gebährden sich Frauen von Skorpion-Tigern deshalb an der Seite ihres Gemahls meist wie zarte Lämmchen.
Die Skorpion-Tiger-Frau reizt die Männer so und so. Zunächst mit ihren augenscheinlichen Reizen, dann mit jener liebenswürdigen Dickköpfigkeit, die Männer auf hundertachtzig treibt. Wen sie liebt, den versorgt sie gut mit Sex, aber auch mit raffinierter Kochkunst, weil sie um die Liebe weiß, die durch den Magen geht. Weichliche Männlein haben bei ihr nichts zu lachen; sie will den echten Mann, der sie ständig aufs Neue zu zähmen versucht. So ganz wird das freilich keinem gelingen...

Schütze-Tiger

(23. November bis 21. Dezember)

Glaube nur ja niemand, er könne einen Schütze-Tiger einfangen und in einen Käfig sperren. Schütze-Tiger lieben ihre Freiheit und hassen jedweden Zwang. Wo sie beengt sind, brechen sie aus und suchen das Weite. Im Dschungel der Liebe schlagen sie mal dieses und mal jenes Wild, sie schnappen sich die besten Bissen; den Rest lassen sie achtlos liegen – soll sich ein anderer daran verschlucken.

Schütze-Tiger bringen es im Beruf sehr weit. Sie setzen sich mit ruhiger, aber eindringlicher Stimme durch, ihre Redekunst überzeugt. Sie arbeiten konzentriert und, wenn für sie etwas auf dem Spiel steht, rund um die Uhr. Sie geben ein Beispiel und machen den anderen die Preise kaputt. Ihre Intelligenz sorgt dafür, daß trotzdem unterm Strich eine Menge für sie übrigbleibt, meist eine günstige Position, in der man dann selbst anschaffen kann.

Männliche Schütze-Tiger sind nicht leicht in staatlich beglaubigte Verhältnisse zu bringen. Die Ehe ist für sie eine Institution, in die man nur gezwungenermaßen eintritt. Am liebsten würden sie ein Lebenlang in freier Wildbahn jagen, mit einer Geliebten zur Rechten und einer anderen zur Linken und ein paar Gespielinnen da und dort. Schütze-Tiger lieben die schlanken Beine und die vollen Busen, aber sie binden sich nur ungern. Das Eheleben ist für sie auf die Dauer fade: Sie müßten schon eine Liebeskünstlerin gefunden haben, die mit immer neuen raffinierten Tricks und Sexspielen ihre Neugierde weckt.

Es ist statistisch bewiesen, daß vor allem Schütze-Tiger aus kinderlosen Ehen geschieden werden. Ihre Kinderliebe hält sie auch an einem für sie langweiligeren Partner länger fest, wobei sie sich freilich unter Umständen doch einige Abwechselung vom Ehealltag gönnen.

Schütze-Tigerinnen kennen keine Langeweile. Sie wissen ihre Männer so zu nehmen, daß an ihrer Seite aus dem müdesten mit der Zeit ein zu allem bereiter Casanova wird. Sie sind forsch und fröhlich, und ihre Fröhlichkeit steckt an. Da Schütze-Tigerinnen überdies meist gut gebaut sind, fehlt es ihnen nicht an Verehrern. Auf den ersten fiel sie herein, den zweiten behandelt sie mit Vorsicht, der dritte führt sie zum Altar.

Frauen aus dem Schütze-Tiger-Zeichen binden sich schnell, aber doch wieder nicht so schnell, daß sie nicht ihre Erfahrungen vorher sammeln könnten. Auch sie wollen in der Ehe gewisse Freiheiten. Kluge Männer sehen das ein – der Himmel auf Erden ist ihr Lohn.

Steinbock-Tiger

(22. Dezember bis 20. Januar)

Zähe und ausdauernde Kämpfertypen wie die Steinbock-Tiger geben so leicht nicht auf. Wenn sie sich in eine Sache verbissen haben, wird sie so oder so erledigt. Da sie außerdem lange überlegen, bevor sie handeln, kann man ihnen so leicht nicht beikommen. Nur Vernunftgründe können sie einmal umstimmen.

Schnelle Arbeiter sind die Steinbock-Tiger nicht. Ihre Gründlichkeit macht vieles wieder wett. Übereifer kann, wie man weiß, auch Schaden anrichten. Mancher Chef hatte mit solchem Langsamstarter keine Geduld; er ließ ihn ziehen und ahnte nicht, welchen Dauerbrenner er da für die Konkurrenz freigab.

Steinbock-Tiger sind wahrhaftig keine Wechselbälge, aber sie haben ihr eigenes Köpfchen: Wer sie nicht haben will, der soll's eben mit anderen versuchen! So kommen die Steinbock-Tiger wider Willen zu mannigfaltigen Erfahrungen bei dieser und bei jener Firma, und die zahlen sich später auf dem Gehaltskonto aus.

Mit dem Geld haben's die Steinbock-Tiger. Oft scheint es sogar, als ob sich alles, was sie in die Hand nehmen, mit der Zeit in klingende Münze umsetzen ließe. Sie vertrauen kaum dem trügerischen Glück, das über Lottospiel und Erbschaften erhofft wird. Sie setzen auf ihr eigenes finanzielles Gespür und fahren gut dabei.

Wen die Steinbock-Tiger einmal in ihr Herz schlossen, zu dem halten sie auch in schweren Zeiten. In der Liebe erscheinen sie kühler als andere Tiger. Sie suchen lange nach dem Partner, der mit ihnen auf gleicher Wellenlänge zusammenleben möchte. Außerdem kostet die Suche Zeit, und die haben Steinbock-Tiger in den Aufbaujahren kaum.

Der männliche Steinbock-Tiger findet nicht unbedingt seine große Liebe; ihm ist die Frau, die zum Wohlstand der Familie beitragen kann, lieber als die süße Maid für Bettgeschichten. So erscheint er als nüchterner Ehemann, der Nützliches über Ideelles stellt. Wer ihn richtig kennt, weiß um seine behutsame Zärtlichkeit, um seine Treue.

Auch die Steinbock-Tigerin ist keine forsche Dame, die Männer reihenweise verspeist. Aber immerhin eine Dame! Sie möchte von dem Mann, den sie liebt, geachtet werden. Ihre Kinder haben es gut bei ihr, auch wenn sie zeitweilig wegen harter Nebenberufspflichten fern von Zuhause ist. Daß dabei die Liebe auch etwas zu kurz kommt, stört die Steinbock-Tigerin sehr. Aber wer kann schon gegen seine Natur an?

Wassermann-Tiger

(21. Januar bis 19. Februar)

Weltverbesserer wurden unter dem Wassermann-Tiger-Zeichen geboren. Es sind hilfsbereite Menschen, die das letzte Hemd weggeben können. Sie träumen von Revolutionen, die alle Menschen gleichstellen – es müßte nur ein Wassermann-Tiger an der Spitze sein.
Und damit haben wir den Ehrgeiz der Wassermann-Tiger angesprochen, der sie immer vorne mitmischen läßt. Tatsächlich bringen sie es mit ihrer Intelligenz sehr weit. Tausend Pläne schwirren durch ihre hellen Köpfe. Sie schreien nach Verwirklichung. Verständlich, daß sich bald schon jemand findet, der diese Fundgrube ausschöpft, zumal Wassermann-Tiger auch mit Macht in die Tat umsetzen können, was sie kühl vorausberechneten.
Um den beruflichen Werdegang braucht sich also niemand unter dem Wassermann-Tiger-Zeichen Kummer zu machen. Wo es manchmal hapert, das sind ausgerechnet die zwischenmenschlichen Beziehungen. Der männliche Wassermann-Tiger zum Beispiel flattert in seinen Sturm- und Drangjahren, die oft bis ins fünfte Lebensjahrzehnt anhalten, von Blume zu Blume, er bricht die zarten Knospen ebenso wie die reifen Blüten. Bester Zug: Er kann, glaubt er erst einmal die richtige gefunden zu haben, alle anderen Liebschaften vergessen.
Freilich müßte die, die sich einen Wassermann-Tiger fing, ebenbürtig in jeder Weise sein. Eine unintelligente Frau brächte ihn mit der Zeit zur Raserei ebenso wie eine, die immer ja sagt. Ein Wassermann-Tiger steht stets zu irgendetwas in Opposition, aber er kann auch selbst Widerspruch vertragen. Seine Toleranz kommt von innen.
Wassermann-Tigerinnen lieben heiß und innig. Sie suchen das Abenteuer. Langweilige Männer sind ihnen verhaßt, aber es ist möglich, daß sie sich vor lauter Widerspruchsgeist eines Tages einen solchen Langweiler angeln und ihn aufs Standesamt schleppen. Die Umerziehung beginnt gleich nach der Trauung. Ein zünftiger Ehekrach reinigt die Atmosphäre. Theaterdonner wird bei Wassermann-Tigerinnen bühnenreif abrollen, aber in Wirklichkeit brauchen sie nur die anschließenden Versöhnungsszenen – sie happy-enden doch so gern.
Was Wassermann-Tiger beiderlei Geschlechts besonders auszeichnet, ist ihr geradezu fanatischer Gerechtigkeitssinn. Dabei verbrennen sie sich allerdings oft den Mund und ecken an. Aber was ist schon vollkommen in dieser Welt, die nur ein Wassermann-Tiger verbessern könnte?

Fische-Tiger

(20. Februar bis 20. März)

Fische-Tiger wollen immer Spaß am Leben haben; triste Weltanschauungen geht ihnen an die Nieren. Ehrgeiz kennen sie nur den einen, spielend die Welt zu erobern. Während andere schuften und rackern, betrachten die Fische-Tiger die Arbeitsstätte als einen Spielsalon mit festgesetzten Regeln. Mit ihrem sprichwörtlichen Glück überflügeln sie dabei die Konkurrenten. Ihr sonniges Wesen macht ihnen Freunde gerade auch bei jenen, die das Sagen haben.
Fische-Tiger lachen gern. Sie sind in jeder Gesellschaft beliebt, halten in jeder Stammtischrunde mit, trinken alles unter den Tisch und singen zum Abschluß ein lyrisches Liedchen.
Gefühl ist alles bei ihnen, was sie in den Verdacht bringt, es handele sich hier um labile Typen, mit denen man nach Wahl umspringen kann. Genau das sind sie nicht. Fische-Tiger wissen sehr wohl, was sie wollen, zeigen im rechten Augenblick Rückgrat. Das läßt manchen achtungsvoll zu ihnen aufschauen .
Mit Gefühl sind sie auch in der Liebe bei der Sache. Sie binden sich schnell. Es kann gut gehen – Fische-Tiger haben auch in der Liebe Glück. Manchmal nur geht's schief. Und dann ertränken sie ihren Schmerz in Cognac oder Korn, wobei die Frauen aus diesem Zeichen ihren männlichen Artgenossen in nichts nachstehen.
Fische-Tigerinnen sind die besten Kameradinnen in der Ehe, die Freud und Leid mittragen helfen. Wenn ihrem Herzallerliebsten übel mitgespielt wird, sind sie tagelang niedergeschlagen. Bei soviel Mitgefühl müßte er eigentlich seine Fische-Tigerin auf Händen tragen und dem Himmel danken, daß er sie hat. Wenn sie sich nur nicht wie eine Klette an ihn hängen würde, was ihm nur wenig Spielraum läßt. Sie kann auch grundlos eifersüchtig sein, möchte den Mann unter den Pantoffel stellen, ganz für sich allein besitzen. Sowas ist nicht unbedingt das Wahre für einen richtigen Mann.
Männliche Fische-Tiger sind nicht ganz so besitzergreifend. Sie haben in der Ehe jedoch Ideale, die von weniger einfühlsamen Gattinnen oft mit Füßen getreten werden. Das läßt sie schier verzweifeln. Und nur darum suchen sie manchmal außer Haus nach dem ewig Weiblichen, das sie versteht. Fische-Tiger sind Seitenspringer, weil man sie dazu zwingt. Dabei könnten sie die besten Ehemänner sein.
Man sollte mit den Fische-Tigern, seien sie weiblich oder männlich, öfters mal ein Spielchen wagen. Nur verlieren müßte man können. Denn Fische-Tiger gewinnen am Ende immer.

兔

Der gutmütige Hase

vom Widder bis zu den Fischen

Sind Sie nach der chinesischen Astrologie unter dem Zeichen des Hasen zur Welt gekommen? Dann müßten Sie in einem der nachstehend aufgeführten Jahre des Hasen geboren worden sein:

9.2.1891–29.1.1892
30.1.1903–16.2.1904
15.2.1915– 3.2.1916
2.2.1927–22.1.1928
19.2.1939– 7.2.1940
7.2.1951–26.1.1952
26.1.1963–13.2.1964
11.2.1975–30.1.1976

Widder-Hasen

(21. März bis 20. April)

Obwohl Widder-Hasen sich nach außen hin sehr sittsam geben, sind sie nicht so ganz ohne. Sie kennen keine Angst, nehmen jeden an, der mit ihnen streiten will. Am Ende ziehen selbst die scheinbar Kräftigeren den kürzeren, und die Widder-Hasen triumphieren. Zuschlagen werden sie freilich nur dann, wenn sie der Jähzorn packt, aber das ist äußerst selten. Widder-Hasen haben sich meist in der Gewalt. Sie können mit sanften Worten überzeugen, wobei sie bei Gelegenheit Wahrheit mit Dichtung mischen – Hauptsache, es wird ihnen geglaubt. Bei solcher Wortgewandtheit wundert es nicht, daß sie sich auch im Beruf vorarbeiten. Dabei nehmen sie wenig Rücksicht auf die Kollegen und bleiben doch gut Freund mit ihnen. Denn das ist das Seltsame an dem Widder mit dem Hasenherz: Er setzt sich durch mit allen Kniffen und Mitteln, aber niemand nimmt's ihm eigentlich übel.
Angst kennen Widder-Hasen nie. Um Unannehmlichkeiten aus dem Wege zu gehen, schlagen sie lieber mal einen Haken und ändern scheinbar die Gesinnung. Bei Gelegenheit zahlen sie erlittene Unbill zurück; sie vergessen nichts.
Partnerinnen schwärmen von den männlichen Widder-Hasen, die so zärtlich und anpassungsfähig sind. Sie wissen aber auch um deren Zorn, der so schnell nicht verraucht, was sich bei den sonst so Redseligen in tagelangem düsterem Schweigen ausdrücken kann.
In der Ehe reinigen solche Krachs bekanntlich die Luft. Die Gattin sollte nur klug genug sein, rechtzeitig von harten Argumenten auf Schmeicheln und Streicheln umzuschalten. Denn mit Widder-Hasen zu streiten, lohnt nicht, wie wir gesehen haben. Schon manche Ehefrau, die keine diplomatische Ader besaß, war am Ende ein Häufchen Elend, das vor ihrem Widder-Hasen zu Kreuze kroch.
Weibliche Widder-Hasen sind charmante Damen, die ihr Heim zu einem Schmuckkästchen machen. An ihrer Seite kann sich der Ehemann wie im Paradies fühlen, in dem sie freilich zeitweise durch Abwesenheit glänzt. Widder-Häsinnen genügt die triste Hausarbeit nicht, sie wollen auch draußen im feindlichen Leben mitmischen und ein paar Groschen zum Unterhalt der Familie beisteuern. Ihre Kinder kommen dabei kaum zu kurz – im Wechsel mit dem Ehemann wird die Aufsichtszeit geteilt. Wie die Widder-Häsin es da noch schafft, den Mann auch im Bett zufriedenzustellen, wird ewig ihr Geheimnis bleiben.

Stier-Hasen

(21. April bis 20. Mai)

Ihr herzliches Wesen macht die Stier-Hasen zu jedermanns Freund. Sie sind gute Gastgeber und verläßliche Partner. Ihre Hilfsbereitschaft kennt keine Grenzen; besonders den sozial Schwachen und den geistig Minderbemittelten sind sie sehr zugetan und stellen sich schützend vor sie. Ungerechtigkeiten können sie nicht vertragen.

Stier-Hasen wären am besten in Berufen untergebracht, in der ihre soziale Einstellung, ihre erzieherischen Fähigkeiten eingesetzt werden könnten. Daß sie dann doch einen anderen Beruf wählen, beruht auf ihrem Dickschädel und auf ihrem Widerspruchsgeist. Sie tun nun mal nicht gern, was die anderen vorschlagen, gehen lieber eigene Wege, wobei sie am Ende doch den richtigen einschlagen.

Auch wenn Stier-Hasen im allgemeinen stur auf ihrem Standpunkt beharren, fehlt es ihnen nicht an Einsicht. Schon mancher, der von diesem wortgewaltigen Sternenmischling in die Enge getrieben wurde, war am nächsten Tag über dessen Entschuldigung fürbaß erstaunt, er sei zu weit gegangen und sehe sein Unrecht ein. Wenn das keine liebenswerte Art ist...!

Männliche Stier-Hasen suchen nicht allzu lange nach der großen Liebe. Hauptsache, sie finden eine gute Kameradin, mit der es sich in Frieden leben läßt, die vor allem zuhören kann. Die Liebe kommt von selbst, wenn sie erst das Goldstück von Mann kennengelernt hat. Denn nichts ist ihm zuviel, der gemeinsame Abwasch nicht und auch nicht das Kinderwagenschieben. Stier-Hasen lassen sich nicht unter den Pantoffel zwingen, Hausarbeit und andere Pflichten erledigen sie aus der ihnen eigenen Hilfsbereitschaft heraus. Sie sollten damit eigentlich Vorbild für alle anderen Ehemänner aus dem Tierkreis sein.

Stier-Häsinnen suchen länger nach dem Mustergatten. Meist finden sie dann den einzigen, der sie auf Händen trägt. Wie er ausschaut, ist der Stier-Häsin so ziemlich wurscht – Hauptsache er hat Herz und kann gut schmusen. Und wenn er nicht gar so intelligent ist, dann ergänzt man sich halt um so besser, zumal sich Gegensätze ja bekanntlich anziehen. Weibliche Stier-Hasen sind perfekte Hausfrauen, die Töpfegucker in „ihrer" Küche nicht ausstehen können. Der Mann ihrer Wahl mag sich danach richten und fährt gut dabei.

Ein bißchen Eigenleben brauchen die Stier-Hasen allesamt. Bei aller Beredtsamkeit können sie Geheimnisse ganz gut für sich behalten, was sie dann manchmal in den falschen Verdacht bringt, sie seien nicht ganz ehrlich.

Zwillinge-Hasen

(21. Mai bis 21. Juni)

Auf Anhieb sollte man Zwillinge-Hasen nicht alles glauben. Ihre Fabulierkunst schlägt sämtliche Rekorde, wobei sie vom Hundertsten ins Tausendste kommen. Man muß ihnen zugute halten, daß sie selbst wider besseres Wissen meist glauben, was sie erzählen. Münchhausen hätte ihr Lehrer sein können...

Nichts gegen die Zwillinge-Hasen! Sie sind zuverlässige Arbeiter und bringen Schwung in den Betrieb. Auf geistigem Gebiet sind sie vielfach den Kollegen über, und wenn das nicht langt, werden diese halt ausgetrickst. Irgendwie schaffen das Zwillinge-Hasen so, daß sie sich doch niemand zum Feind machen.

Chefs unter diesem Zeichen sind berückende Vorgesetzte, die einem das Blaue vom Himmel versprechen können. Man sollte ihnen stets die Hälfte davon nur glauben. In ihrer überschwenglichen Art schießen die Zwillinge-Hasen eben mal gern übers Ziel hinaus. Und die Hälfte des Versprochenen ist meist mehr, als andere als Ganzes zu bieten bereit sind.

Wenn Zwillinge-Hasen lieben, bringen sie Unruhe ins Haus. Sie sind exzellente Liebhaber, aber sie suchen nebenbei gern auch andere Futterstellen auf. Ihr ausgeprägter Sinn für's Materielle läßt sie in der Liebe sogar über Äußerlichkeiten hinwegsehen. Ein gemachtes Bett wäre schließlich nicht zu verachten.

Die männlichen Zwillinge-Hasen gehören zu jenen wetterwendischen Sternenmischlingen, die sich mit den Jahren mehrmals binden können. Ihre Ehe steht jedenfalls immer etwas auf der Kippe. Am liebsten hätten sie eine Frau, die gerne selbsterfundene Märchen hört. Da es so romantische Gemüter in unserer nüchternen Computer-Zeit kaum mehr gibt, sitzt der Zwillinge-Hase zwischen zwei Stühlen. Und so kann es eben vorkommen, daß er sich unverstanden fühlt und nach was anderem umsieht. Die er verließ, trauert ihm nach und weiß plötzlich, welches Prachtstück sie da verlor.

Weibliche Zwillinge-Hasen sind meist zierlich-schicke Persönchen, um die sich die Männer reißen. Sie flirten gern, drücken sich aber ebenso gern vor der Verantwortung. Ein Mann, der solch Häslein einfing, hat eine Perle im Haus. Am besten engagiert er gleich noch eine andere Perle hinzu, die die Hausarbeit verrichtet. Zwillinge-Häsinnen machen sich nicht gern die Pfoten schmutzig. Dafür lieben sie um so mehr den, der ihnen ein gepflegtes Heim bietet, in dem sie als Damen des Hauses herrschen können.

Krebs-Hasen

(22. Juni bis 22. Juli)

Die Arbeit haben die Krebs-Hasen nicht unbedingt erfunden. Am liebsten wären sie als Pensionär geboren und kassierten jeden Monat das, was man zum Leben braucht. Da das nicht geht, schlängeln sie sich durch und freuen sich kurz nach dem Urlaub schon wieder auf den nächsten. Der Mittagsschlaf ist ihre Lieblingsbeschäftigung. Man kann so schön dabei träumen...

Ihrer Umwelt stellen sich Krebs-Hasen als freundliche, etwas verweichlichte Wesen dar, denen man nicht zuviel aufbürden kann, weil sie sonst auf trübe Gedanken kommen. Und die wären Gift für diese empfindsamen Sternenmischlinge.

Im Beruf zählt nicht unbedingt ihr Einsatzwille, mehr die elegante Art, mit der sie Kunden begegnen und für die Firma einnehmen können. Darum schätzt man sie, auch wenn sie die vorgeschriebene Stundenzahl strikt einhalten. Und so kommen sie auch in jene Stellungen, in denen sie andere für sich schaffen lassen können.

Man muß die Krebs-Hasen gern haben. Besitzer dieser Schalen-Nagetiere bestätigen das sehr gern. Sie schließen schnell Freundschaften. Weil sie vertrauensselig sind, werden sie leider leicht enttäuscht.

Krebs-Häsinnen sind liebevolle Geschöpfe mit einem großen weichen Herzen. Sie setzen Tränen als Waffe ein zur Durchsetzung ihres Willens. Und welcher liebende Ehemann wäre nicht gern ihnen zu Willen, die so anschmiegsam und sexy sein können? Fühlen sich die weiblichen Krebs-Hasen in der Ehe unverstanden, suchen sie manchmal das Weite – und kein noch so eindringliches Zureden des verlassenen Ehemanns kann sie an den heimischen Herd zurückholen, selbst wenn sie ihm jahrelang nachtrauern müßten.

Die männlichen Krebs-Hasen wählen länger, versuchen's auch schon mal mit einer staatlich nicht sanktionierten Ehe auf Probe. Sie schwärmen von der Frau ihrer Träume und finden doch immer nur Realitäten. Manches Verhältnis ging darum in die Brüche. Der Krebs-Hase wird sich nie eingestehen, daß er an der jeweiligen Trennung meist ein gut Teil schuld war. In der Ehe selbst geht ihm die Ruhe über alles. Das sollte seine Frau vermerken, dann kann sie an der Seite des liebenden Gatten ein ausgeprägtes Eigenleben führen.

Man muß diese Krebs-Hasen mit all ihren guten und den wenigen schlechten Seiten lieben. Bei ihnen ist alles Gefühl. Man achte darauf, dieses zarte Charakterpflänzchen nicht zu zertreten.

Löwe-Hasen

(23. Juli bis 23. August)

Es nagt der Zweifel an den Löwe-Hasen, ob sie forsch durchs Leben schreiten sollen wie jener edle König der Tiere oder sittsam und bescheiden wie ein hoppelnder Hase. In diesem Zwiespalt stehen sie ihr ganzes Dasein lang. Und das merken natürlich die lieben Mitmenschen und sind hin- und hergerissen von dem einmal so stolzen und dann doch wieder so devoten Löwe-Hasen.

Im Beruf drängen diese königlichen Hasen nach oben, aber da sie niemandem etwas zu leide tun wollen, setzen sie sich nicht ganz so hemdsärmelig durch wie ihre Löwen-Geschwister. Sie gönnen auch dem Kollegen den Platz an der Sonne.

Löwe-Hasen haben ein gutes Gespür für Geld und finanzielle Anlagen; wenn sie aber die Großzügigkeit packt, werfen sie alles Hab und Gut zum Fenster hinaus. Wer meint, da wolle ein Löwe Eindruck schinden, der hat sich an dem Hasen vertan. Löwe-Hasen haben ein mildtätiges Herz, sie schenken freudig und nicht, um sich ins rechte Licht zu rücken.

Trotz dieser sozialen Ader hüte man sich davor, sich mit ihnen anzulegen. Angreifer nehmen sie mit Löwenmut an, auch wenn ihnen dabei das Hasenherz in die Hose rutschen sollte. Am Ende stehen sie, wenn auch arg zerzaust, als Sieger auf dem Schlachtfeld.

Löwe-Hasen lieben heiß und innig. Wer es richtig anstellt, dem verfallen sie gar mit Haut und Haaren. Viele Löwe-Hasen werden ihrem Partner hörig. Vor allem die weiblichen Löwe-Hasen betreiben die Liebe als ernstes Geschäft. Sie kritisieren den Mann ihres heißen Herzens nie, finden alles gut und schön, was er auch unternimmt.

Selbst emanzipierte Löwe-Häsinnen kriechen da zu Kreuze und schwören ihrem Weiberstolz ab. Nur in Vernunftehen können solche Häsinnen auch mal auftrumpfen. Das ist selten genug der Fall: Weibliche Löwe-Hasen sind lieber unvernünftig und glücklich.

Die Männer aus diesem Mischzeichen sind in der Ehe häuslich. Sie kehren nicht den Pascha heraus, sondern den hilfsbereiten Partner, der seiner Frau alles von den Augen abliest. Von Schmeichelkätzchen werden solch liebenswerte Ehemänner bis aufs Blut ausgesaugt. Wenn die Liebe im Spiel bleibt, merken sie es gar nicht.

Löwe-Hasen beiderlei Geschlechts sind beliebt. Man sucht ihren Rat, den sie freimütig jedem geben, der danach fragt. Nur für sich selbst wissen sie keine Lösung, wenn sie sich wieder einmal im charakterlichen Zwiespalt zwischen Löwe und Hase befinden.

Jungfrau-Hasen

(24. August bis 23. September)

Da jagen regelrechte Angsthasen durchs Leben. Ständig suchen sie Schutz und merken nicht, daß sie damit den Mitmenschen lästig fallen. Jungfrau-Hasen denken viel und lange, bevor sie sich entscheiden. Sie taktieren übervorsichtig und entschließen sich nur mit manchen Wenn und Aber.

Trotzdem zwingen sie vieles unter ihren Willen. Ihr wacher Geist läßt die Gegner reihenweise abblitzen, ihr Finanzgenie macht aus einem Fünfmarkstück schnell einen Tausender.

Im Beruf bleiben sie oft nur zweite Wahl, weil sie den Posten an der Spitze einem anderen überließen, der dann die Verantwortung auch für das trägt, was die Jungfrau-Hasen in seinem Namen entscheiden. Haben sie sich aber einmal zur Führerschaft durchgerungen, dulden sie keinen Widerspruch. Wer wollte auch jemandem widersprechen, der seine geistige Überlegenheit so deutlich spüren läßt wie die Jungfrau-Hasen? Und manchmal hat es dann den Anschein, daß sie den eben erwähnten Angsthasen nur spielen, um ihre Umwelt in der trügerischen Sicherheit zu wiegen, vor ihnen brauche sich niemand zu fürchten.

Die Liebe bietet sich unterm Jungfrau-Hasen etwas unterkühlt an. Auch hier denkt man zuviel, wo schneller Entschluß das Lebensglück sichern könnte. Überdies hat man in diesem Mischzeichen zuviel mit sich selbst zu tun und vergißt dabei die anderen, mit denen man gemeinsam auf einen grünen Zweig kommen könnte.

Männliche Jungfrau-Hasen stehen oft erst spät vor dem Traualtar. Was sie fanden, könnte eine reiche Witwe sein oder eine jugendliche Hübsche. Diese Sternenmischlinge schätzen nämlich beides: finanzielle Sicherheit und künstlerische Schönheit. Trotz ihrer zur Schau gestellten Nüchternheit sind sie musisch begabte Leute.

Weibliche Jungfrau-Hasen sind recht attraktiv anzuschauen, aber anfassen darf man sie nicht. Sie sind die Kräutchen „Rührmichnichtan" unter dem Sternenhimmel. Obwohl sie Streicheleinheiten wie jede andere liebende Frau benötigen, schämen sie sich, das dem Partner einzugestehen. Bei ihnen finden Männer das große Glück, die nicht nur Süßholz raspeln können. Da Hasen-Jungfrauen etwas von sozialer Marktwirtschaft und steigenden und fallenden Aktien verstehen, steigt der Mann an der Seite solch wißbegieriger Frau schnell auf und kann das Geld in die gemeinschaftliche Schatztruhe scheffeln.

Trotz unterkühltem Sex wird man auch mit einem Jungfrau-Hasen glücklich. Dieser dankt's mit Liebe, wie er sie versteht.

Waage-Hasen

(24. September bis 23. Oktober)

Wenn man den Waage-Hase auf die Schliche kommt, sind sie Erfinder wunderschöner Ausreden, um derentwillen man ihnen alles verzeihen muß. Leider kommt es kaum dazu; denn Waage-Hasen lassen sich nur selten auf Abwegen erwischen. Sie sind zu schnell und entfleuchen geschickt selbst den raffiniertesten Fallen.

Überall sieht man diese sonnigen Typen gern. Sie sind sanftmütig und höflich und wahre Lebenskünstler. In Gesellschaften treten sie als witzige Alleinunterhalter auf. Sie müßten sich nur rarer machen, um auf die Dauer nicht zu langweilen.

Im Beruf sind die Waage-Hasen diplomatisch und geschickt, wenn es darauf ankommt, die eigene Leistung ins rechts Licht zu rücken. Auch hier tun sie manchmal zuviel, und dann stößt's den anderen auf. Mit ihrem Redeschwall könnten sie Super-Vertreter sein, aber wer hört schon lange hin, wenn immer nur einer spricht?

Man sieht, auch Waage-Hasen haben ihre Untiefen, in denen sie nach dem jeweils besten Effekt loten sollten, statt vorschnell ihr Pulver zu verschießen. Nur kluge Taktik bringt sie im Beruf zur Spitze.

Auf dem Sektor zwischenmenschlicher Beziehungen fällt ihnen mit ihrem Elan und ihrer vorpreschenden Art alles leichter. Schon in jungen Jahren glauben sie den Partner fürs Leben gefunden zu haben, bis sich ein besserer einstellte, der einem vermeintlich noch besseren wich. Das läppert sich ganz schön zusammen, und trotzdem heiraten diese Sternenmischlinge meist recht früh.

Männliche Waage-Hasen heiraten immer aus Liebe. Sie sind die Kuschelbären, die jede Frau vor dem Einschlafen kräftig ans Herz drücken möchte. Die Liebe allein macht nicht glücklich. Der Waage-Hase sorgt auch fürs leibliche Wohl (er ist oft ein exzellenter Koch!) und für die Spargroschen in der Not. Er ist ein engagierter Familienvater.

Nur manchmal überfällt ihn leichte Melancholie, und dann braucht er jemanden, der ihn aufmuntert. Schafft's seine Frau nicht, geht er zu einer anderen – schlecht, wer Böses davon denkt!

Die Frauen aus diesem Mischzeichen sind prachtvolle Hausfrauen. Sie halten das Geld zusammen (auch wenn vieles für den Friseur und die eigene Kleidung draufgeht) und erziehen die Kinder zu braven Erdenbürgern. Sie lieben heiß, geraten aber oft an Männer, die zu wenig Zeit für sie haben. Und da ist die Bruchstelle in der Ehe eines Waage-Hasen gelegt. Man sollte sie schleunigst flicken!

Skorpion-Hasen

(24. Oktober bis 22. November)

Man sieht dem Skorpion-Hasen das Energiebündel nicht an, das Berge versetzen kann. Äußerlich gibt er sich ruhig und gelassen, und das ist es gerade, was seinen Erfolg ausmacht.

Skorpion-Hasen dulden keinen Widerspruch. Wo er sich wider Erwarten regt, schlagen sie zu. Sie können herrisch sein, ohne aus der Haut zu fahren. Sie sind schwierige Kollegen, aber wenn es darauf ankommt, sind sie hilfsbereiter als all die anderen, die freundlich tun und anders handeln.

Wer gut Freund mit ihnen ist, hat an ihnen jederzeit einen starken Halt; wer sie sich zum Feinde macht, hat nichts zu lachen. Irgend wann einmal zahlen die Skorpion-Hasen mit Zins und Zinseszins zurück, was man ihnen antat.

In den Chefetagen sind sie gefürchtet, weil sie dort mit der Zeit aufräumen, wenn sie erst mal dorthin gelangt sind. Sie mögen keine Speichellecker. Ehrliche und offene Typen bringen es bei ihnen weiter, weil sie selbst die Wahrheit lieben und nichts als die Wahrheit. Mit dieser Wahrheitsliebe ecken sie auch an. Sie machen sich nichts daraus und werden sich kaum je wie die scheuen Häslein verkriechen.

Die männlichen Skorpion-Hasen wollen auch im intimen Bereich das Sagen haben. In der Familie geben sie sich streng, aber gerecht. Die Liebe ist für sie mehr nehmen, denn geben, womit sich einiger Konfliktstoff ansammeln könnte.

Der weibliche Skorpion-Hase zieht die Männerwelt in seinen Bann. Er verhext sie und kassiert dann ab. Schon mancher Playboy trauerte dieser einmaligen Verführerin nach, obwohl er nicht zum Ziele kam. Dem Zauber der Skorpion-Häsin erliegt jeder. Stolz kann nur der sein, den sie sich ganz privat angelte und nicht mehr aus den Händen lassen will.

Wer eine Dame dieses Zeichens ehelicht, muß mit dem Jawort jeglichen anderen Freundinnen abschwören. Er wird vereinnahmt als lebendes Gut. Wehe, er schliche mal auf Abwege – seine Skorpion-Häsin würde vor Eifersucht rasen und wüste Szenen aufs Parkett legen. Treue aber lohnt sie mit Sex, für den andere gern ein bißchen Freiheit aufgeben würden.

Skorpion-Hasen, Mann wie Frau, haben das gewisse Etwas, das jeden anzieht. Aber für manche ist es der Speck in der Mausefalle, die kurz vor dem Genuß zuschnappt.

Schütze-Hasen

(23. November bis 21. Dezember)

Den Schütze-Hasen fällt das Glück von ganz allein in den Schoß. Was sie anfassen, bringt etwas ein. Ihre lässig-charmante Art, gepaart mit einer Prise Sarkasmus, kommt an.
Erfolge können mit der Zeit nicht ausbleiben, auch wenn sie sich nicht wie Berserker in die Arbeit stürzen. Ihre Mittel sind sicheres Auftreten und eine nonchalante Eleganz, die sie in die höchsten Stellen hievt. Bleibt mal ein Schütze-Hase unten, hat er etwas falsch gemacht oder silberne Löffel geklaut.
Auch ein Schütze-Hase kann nur vorwärtskommen mit Köpfchen. Daß er zusätzlich die Ellenbogen erbrobt, nimmt ihm der übel, der sie zu spüren bekommt. Schütze-Hasen legen ihr Wissen richtig an und natürlich auch das Geld, da sie in finanziellen Dingen eine echte Begabung haben. Klappt's mal nicht so mit dem Geld oder im Beruf, machen sie sich nichts daraus. Über Schicksalsschläge kommt der Schütze-Hase erst zu der Erfahrung, die er auf dem Weg nach oben braucht.
Erfahrung sammelt er auch zuhauf in der Liebe. Männliche Schütze-Hasen sind die reinsten Don Juans, die Mädchenherzen am laufenden Band knicken. Ein festes Verhältnis gehen sie oft erst in späten Jahren ein und bleiben ihren Junggesellen-Allüren weiter treu. Die Frau, die sie zum Standesamt schleppte, hat es nie ganz leicht bei solchem Vorleben. Sie müßte psychotherapeutische Mittel anwenden, um den Schütze-Hasen allmählich zum „normalen" Ehemann umzuerziehen. Nur eines sollte sie sich merken: die Freiheit läßt er sich nie ganz rauben.
Weibliche Schütze-Hasen stehen ihren männlichen Artgenossen in punkto Freiheitsdrang wenig nach. Wo sie sind, ist Betrieb, kann keine Langeweile aufkommen. Man muß sie lieben, diese salopp gekleideten Geschöpfe mit der Figur von Pin-up-Girls, die nur in Kummertagen ein wenig in die Breite gehen.
Die Schütze-Häsin flirtet gern und vergibt sich dabei nichts. Sie hält etwas von Ehe auf Probe, bei der sie sich freier fühlen kann als mit amtlichem Trauschein. Männer dürfen sich glücklich schätzen, bei ihr Testperson zu sein. So lieb wie sie kann keine andere sein.
Fassen wir zusammen: Schütze-Hasen sind glückliche Menschen, die sich ungern in Schablonen pressen lassen. Sie haben Humor, der von ihren Mitmenschen manchmal nicht ganz begriffen wird, und Verstand, der nur in der Liebe zeitweilig aussetzt.

Steinbock-Hasen

(22. Dezember bis 20. Januar)

Mit den Steinbock-Hasen lernen wir arbeitsame und gründliche Leute kennen, die sich so leicht kein X für ein U vormachen lassen. Sie haben nur wenige auserwählte Freunde, mit denen sie stets an einem Strang ziehen. Ihr Charme ist etwas verhalten; er weicht jenem prüfenden Blick, der alles durchschauen möchte.
Steinbock-Hasen können sich in eine Angelegenheit, die ihnen wichtig erscheint, verbeißen. Für sie ist stets das wichtig, was sie anpacken. Über der Arbeit können sie alles vergessen, sogar das erste Rendezvous. Geselligkeit lieben die Steinbock-Hasen weniger; am liebsten werkeln sie allein zu Hause. Nur wenigen gönnen sie Einblick in ihr Herz. Sie stellen hohe Ansprüche, aber manchmal verfallen sie in finsterste Melancholie. Dann haben sie gemerkt, daß ihnen neben der Arbeit doch etwas fehlt.
Man muß ihnen viel Lob spenden, um sie bei guter Laune zu halten. Gar zu leicht sind sie gekränkt. Dann fressen sie den Kummer in sich hinein oder poltern los auf recht unfeine Art.
Nur ihre wenigen Freunde wissen, was sie an den Steinbock-Hasen haben. Sie helfen in der Not und sind auch sonst spendabel. In späteren Jahren sammeln sie für gemeinnützige Zwecke. Kommt da nicht genug herein, legen sie ein paar eigene Scheinchen obenauf.
Natürlich sind auch Steinbock-Hasen verliebt. Für sie ist Liebe die ernsteste Sache der Welt. Das geht einigen Partnern auf den Wecker, sie steigen aus. Andere versuchen es mit dem Steinbock-Hasen und werden es nicht bereuen.
Männliche Steinbock-Hasen sind in der Ehe die zuverlässigsten Partner. Nur hier offenbaren sie sich ganz. Und das will etwas heißen. Sie legen schon früh für die Kinder Sparbücher an, damit ihnen der Start ins Leben leichter fallen möge als dem Vater. Sie sorgen für alles und schaffen an. Leider bleibt für die meisten Steinbock-Hasen-Partnerinnen nur noch wenig zu tun übrig.
Auch Frauen aus diesem Mischzeichen schmeißen in der Ehe den Laden. Oft verdienen sie mit, manchmal besser als der Mann, den sie sich erwählten. Sie lassen es an nichts fehlen. Und auch der Sex kommt zu seinem Recht – als notwendige eheliche Pflicht.
Übrigens: Es gibt keinen unter den 144 Mischtypen, der so verkannt würde wie der Steinbock-Hase.

Wassermann-Hasen

(21. Januar bis 19. Februar)

Die Wassermann-Hasen sind sehr egozentrisch, obwohl sie anderen gegenüber stets ein offenes Herz und eine offene Hand haben. Ihre Hilfsbereitschaft wird nur noch von ihrer Toleranz übertroffen, die sie auch für sich selbst in Anspruch nehmen.

Oft fühlen sie sich unverstanden; und dann wandern sie aus. Wassermann-Hasen hassen nichts mehr als Zank und Streit, wobei sie allerdings vergessen können, daß sie vielfach selbst den Anlaß dazu gaben. Robuster als andere Hasen, bringt sie so leicht nichts um.

Wassermann-Hasen lieben den Wechsel. Das verschafft ihnen im Berufsleben Glück. Da sie tüchtige Arbeiter sind, läßt man sie nicht gern ziehen und erwähnt das anerkennend im Schlußzeugnis. Mehrfach hochgelobt kehren sie möglicherweise in den Betrieb zurück, in dem sie sich die ersten Sporen verdienten. Dort sind sie dann wer.

Kein anderer Hase ist so abenteuerlustig wie der unterm Wassermann. Es zieht ihn förmlich hinaus in die weite Welt, wo er wißbegierig alles aufnimmt, was für mehrere Bände Memoiren reichen könnte. Des Herumreisens müde, bekommt er Heimweh und baut sich ein Haus in der Heimat oder mietet sich eine Wohnung mit Platz für eine ganze Familie.

Alleinsein können die Wassermann-Hasen nicht. Sie suchen früh nach Lebensgefährten, die auf der gleichen Wellenlänge funken. Manchmal ist die Welle gestört, und sie schalten um. Ein Wassermann-Hase findet schnell neuen Anschluß.

Frauen aus diesem Mischtyp gelten in jungen Jahren als sprunghaft. Ihr unruhiges Blut ist nicht zu übersehen. Sie können sich nur schwer entscheiden, am ehesten noch im Beruf, weil sie einsehen, daß man etwas verdienen muß, um sich mehr leisten zu können.

Privat gehen sie erstmal um den heißen Brei herum, verlieben sich hier und trennen sich dort. Und dann stehen sie plötzlich in hellen Flammen: Es ist meist die große Liebe, wenn Wassermann-Häsinnen heiraten. Sie stürzen sich förmlich in das Abenteuer Ehe und sind von nun an nur noch für „ihn“ da, als gute Hausfrau und noch bessere Geliebte.

Auch die männlichen Wassermann-Hasen heiraten nur, wen sie lieben. Sie versuchen, brave Hausväter zu werden, was ihnen meistens gelingt. Nur manchmal macht der feurige Wassermann dem braven Hasen einen Strich durch die Rechnung. Verstehen Sie nun, warum man manchem Wassermann-Hasen nicht über den Weg trauen darf?

Fische-Hasen

(20. Februar bis 20. März)

Sie lieben die laute Geselligkeit mehr als das Alleinsein in enger Wohnung. Bei Fische-Hasen spielt immer etwas Angst mit, sie könnten den Anschluß verpassen. Man mag sie überall gut leiden und empfiehlt sie gern weiter. Fische-Hasen brauchen Protektion.

Das ist auch im Beruf so. Gar zu leicht könnte bei ihnen der Eindruck entstehen, sie seien zu lasch. Es fehlt ihnen einfach am Durchsetzungsvermögen. Man muß sie antreiben, anfeuern, hofieren, dann riskieren sie auch mal etwas und haben Erfolg. Das Seltsame ist, daß Fische-Hasen meistens gutgesinnte Chefs finden, die sie fördern.

Im privaten Bereich sind Fische-Hasen oft Mittelpunkt. Man liebt sich, aber man neckt sich auch, und das mögen sie nicht leiden. Ungestraft bürstet man keinen Fische-Hasen wider den Strich. Aber gar so schwierig sind sie nicht. Wer sie einfing, wird es bestätigen. Sie sind so reizend und einfühlsam, so lieb und nett, daß es keine Klagen zu geben bräuchte. Wen sie verlassen, der ist selber schuld – Mimosen reizt man nicht.

Fische-Hasen gehen nie so ganz aus sich heraus. Sie legen sich Reserven auf. Sie gelten als still und bescheiden, aber wenn sie diese Tarnung ablegen, wird mancher schnell vom Gegenteil überzeugt. Dann können sie plötzlich gewandte Redner sein, die mit überzeugenden Argumenten die Mitmenschen in Staunen versetzen.

Was die Partnerinnen der männlichen Fische-Hasen anzog, war deren ruhiges Wesen, ihr geduldiges Abwarten, ihre freundliche Hilfsbereitschaft. In der Ehe entpuppen sich einige von ihnen anders. Sie sind unentschlossen, halten mit ihrer wahren Meinung hinterm Berge. Ihr Schweigen kann tödlich sein.

Gott sei Dank handelt es sich hier nur um einige wenige Muster ohne Wert. Die meisten Männer aus dem Fische-Hase-Zeichen sind liebenswerte Familienväter, die für ihre Frauen alles tun, um sie restlos glücklich zu machen. Sie gehen für ihre Familie sogar mal mutig auf die Barrikade, auch wenn ihr Hasenherz sie vor allzuviel Schneid warnt. Schönster Zug an ihnen: Sie sind absolut treu und zuverlässig. Nur sollte man Gleiches mit Gleichem vergelten.

Weibliche Fische-Hasen sind leichter zu halten als ihre männlichen Artgenossen. Man nehme sie unter männlichen Schutz. Sie sind sehr sensibel, was sie in der Ehe freilich nicht daran hindert, mit der Zeit die Oberhand zu gewinnen. Männer lassen sich ihre sanfte Diktatur nur zu gern gefallen. Ein Ekel, wer anders dächte!

龍

Der geistvolle Drache

vom Widder bis zu den Fischen

Sind Sie nach der chinesischen Astrologie unter dem Zeichen des Drachens zur Welt gekommen? Dann müßten Sie in einem der nachstehend aufgeführten Jahre des Drachens geboren worden sein:

30.1.1892–16.2.1893
17.2.1904– 4.2.1905
4.2.1916–23.1.1917
23.1.1928–10.2.1929
8.2.1940–26.1.1941
27.1.1952–14.2.1953
14.2.1964– 2.2.1965
31.1.1976–17.2.1977

Widder-Drachen

(21. März bis 20. April)

Auf in den Kampf – das ist die Parole der feurigen Widder-Drachen, die jeden feindlichen Torero auf die Hörner nehmen, wenn er nicht gleich schon vor ihrem blitzenden Blick zurückschreckt und den Degen lieber im Futteral läßt. Dieses stets schnurstracks aufs Ziel Losstürmen macht die Widder-Drachen blind vor den drohenden Gefahren, vor den Piccadores, die von links und rechts oder gar von hinten Wunden beibringen.

Das Bild vom Stierkampf stimmt: Widder-Drachen haben viele heimliche Feinde, die ihnen Hindernisse in den Weg stellen, auf die sie leicht auflaufen, wenn sie nicht im letzten Moment der überlegene Drachen-Verstand auf Umwege sinnen läßt, die auch zum Ziele führen.

Gerade im Berufsleben machen es sich die begabten Widder-Drachen oft unnötig schwer. Zu selbstbewußt steuern sie die nächsthöhere Position an, die ihnen wegen ihres Könnens durchaus zustehen würde, und werden von mickrigen Konkurrenten überflügelt, die sie in ihrem Vorwärtsdrang gar nicht bemerkt hatten.

Wie gut, daß ein echter Widder-Drache nie im Leben aufgibt, daß er immer neu nach vorne stürmt und schließlich doch erreicht, was ihm vorschwebte. Da mit der Zeit auch das Ungestüme, Unkontrollierte der Erfahrung weicht, steht dem weiteren Höhenflug des Widder-Drachen eigentlich nichts mehr im Wege.

Sturm und Drang herrschen auch in den intimen Beziehungen unter dem Widder-Drache-Zeichen vor. Diese Sternenmischlinge verlieben sich oft, verloben sich selten und heiraten aus lauter Widerspruchsgeist doch. Sie erproben ihre Siegernaturen stets am anderen Geschlecht.

Das Beste an der Frau aus diesem Zeichen: Sie schenkt sich dem, den sie liebt, freiwillig und verspeist ihn nachher mit Haut und Haaren. Männer von Widder-Drache-Frauen sind von ihrem Temperament verzaubert, von ihren Liebeskünsten hingerissen. Diese liebenswerten Damen ordnen sich scheinbar unter und tun doch nur, was ihnen gefällt. So ganz kommt niemand hinter ihr Geheimnis, wie sie es machen, daß die Männer ihnen treue Gefolgschaft schwören.

Männliche Widder-Drachen sind in der Liebe ebenfalls hellwach. Sie lassen sich gern verwöhnen, werden aber durch ein Übermaß an Liebe eher abgeschreckt. Sie wollen ehrliche Verhältnisse mit beiderseitigem Einspruchsrecht. Ihr Feuer verpufft sehr schnell; kluge Frauen entfachen es immer und immer wieder und haben einen Gefährten, der treu zu ihnen steht.

Stier-Drachen

(21. April bis 20. Mai)

Stier-Drachen sind am ehesten zu zähmen, was nicht heißen soll, daß sie auch kuschen würden.
Sie haben viel handwerkliches Geschick. Sie basteln gern und wären die geborenen Erfinder, wenn man ihnen Zeit und Geld für ihre aufwendigen Hobbys ließe. Leider wählen sie oft den falschen Beruf, in dem ihre Künste nutzlos sind. Daß sie sich dann doch durchsetzen, kommt von ihrem sagenhaften Verhältnis zu allen finanziellen Dingen.
Komischerweise setzt ihr Verstand in den zwischenmenschlichen Beziehungen vielfach aus. Hier spricht das Herz, das sich geschickt der Kontrollfunktion des Gehirns entzieht. Stier-Drachen sind feurige Liebhaber, die nur zu leicht das Opfer der ersten Liebe werden, die sich in einigen Fällen als Seifenblase erwies.
Aber Stier-Drachen lassen nie locker. Wen sie einmal ins Auge faßten, den führen sie auch zum Traualtar, koste es, was es wolle. Sie sind wie die Kletten, die sich hochranken und alles erdrücken können.
Vor allem die männlichen Stier-Drachen gehen ungestüm auf das Ziel ihrer Zuneigung zu. Sie schmeicheln und streicheln oder versuchen es mit zarter Gewalt. Da sie das Fach Liebe ebenfalls als Hobby betreiben, schinden sie Eindruck und werden genommen. So heiraten sie oft früh und werden junge Väter, die den Nachwuchs abgöttisch lieben und mit liebevoller Strenge erziehen. Sie verwalten die Kasse, zahlen aber reichlich Haushaltsgeld, über das die teuren Gattinnen auf Heller und Pfennig abrechnen müssen. Das Wort Scheidung kennen sie nicht.
Die weiblichen Stier-Drachen sind geheimnisvoller als ihre männlichen Artgenossen. Sie schweben meist in einsamer Höhe über dem Geschehen. Liebhaber müssen zu ihnen aufblicken. Stier-Drache-Frauen steigen nie hinab, sie ziehen zu sich hinauf. Das mag mancher zunächst als Arroganz auslegen, ist aber nichts Weiteres als Vorsicht, auch ganz gewiß den Richtigen zu bekommen, den sie mit niemandem teilen möchten.
Obwohl sie prachtvolle Hausfrauen sind, bleiben sie meistens noch ein Weilchen in dem von ihnen gewählten Beruf. Stier-Drache-Frauen wollen nie ganz ihre Selbständigkeit aufgeben. Nach Feierabend ist für sie immer noch genug Zeit zum Schmusen. Den meisten Männern genügt das, zumal sie in kürzester Zeit bei ihrem Stier-Drachen mehr Sex bekommen als andere Männer von anderen Frauen in einer ganzen Woche.

Zwillinge-Drachen

(21. Mai bis 21. Juni)

Zwillinge-Drachen lachen gern über sich und andere. Der Schalk sitzt ihnen im Nacken. Sie sind tolerant, aber nicht sehr zuverlässig. Zu wichtigen Verabredungen können sie lächelnd zu spät kommen. Zeit ist für sie kein Begriff, an den man sich unbedingt halten muß.

Schon früh suchen sie eigene Wege. Sie wenden sich rechts, sie wenden sich links. Irgendwo finden sie immer ein Unterkommen. Viele Zwillinge-Drachen erlernen mit den Jahren mehrere Berufe. In jedem leisten sie etwas dank der ihnen eigenen Intelligenz. Aber da sie das ewig Neue reizt, springen sie plötzlich ab, lernen um und halten die nun erwählte Beschäftigung für den Traumjob, bis auch hier das Interesse wieder abflaut. In späteren Jahren bewundert man die Vielseitigkeit dieser Sternenmischlinge, die aus den Wander- und Lehrjahren stammt.

Meinungen wechseln sie wie das Hemd, Freundschaften ebenso von Zeit zu Zeit. Trotzdem bleiben sie glücklich, weil sie die seltene Gabe haben, sich schnell und gründlich umzustellen. Wenn Menschen sie enttäuschten, wenden sie ihre Liebe den Tieren zu. Sie haben ein Herz für die gequälte Kreatur. Ihr bester Zug: Sie sind gutmütig, können niemandem bewußt Schlechtes antun.

Es sind die witzigen Einfälle, die Zwillinge-Drachen überall beliebt machen. Zu denen, die das Leben von der leichten Seite nehmen, fühlen sie sich hingezogen. Aber gerade in diesen Kreisen wird den Zwillinge-Drachen oft übel mitgespielt.

Frauen aus diesem Mischtyp sind zu vertrauensselig. Sie binden sich leicht an den Mann, der zu jedem Scherz aufgelegt ist. Wenn sie dann merken, daß das Leben mit ihm auch eine ernste Seite hat, sind sie enttäuscht. War's eine Ehe auf Probe, zieht die Zwillinge-Drache-Dame aus und überläßt ihm den Hausstand. Gab's auf dem Standesamt Brief und Siegel, gönnt sie dem Anwalt ein fürstliches Honorar. Zwillinge-Drache-Frauen bleiben das ganze Leben hindurch Kinder; sie müßten einen Ehemann finden, der mit ihnen lacht, sie gleichzeitig aber immer wieder unbemerkt auf den richtigen Pfad stupst.

Männliche Zwillinge-Drachen haben es leichter. Sie spielen den Playboy, der mal hier und mal da das Spielchen mit einer Schönen wagt. Sie vergeben sich nichts, bleiben Herr der Situation und büxen, wenn es zu brenzlig wird, einfach aus. Man trauert dem Zwillinge-Drachen lange nach, nicht wissend, daß er nicht unbedingt der ideale Ehemann geworden wäre.

Krebs-Drachen

(22. Juni bis 22. Juli)

Bis Krebs-Drachen endlich ein Ziel erreichen, haben sie vorher lange überlegt, Pläne geschmiedet und mit Bedacht gehandelt. Ihre Traumwelt bleibt anderen verschlossen. Sie brauchen eine Stunde am Tag für sich ganz allein.

Dabei hat alles, was sie anfassen, Hand und Fuß, weil das Ungestüme des Drachen durch den zögernden Krebs ausgeglichen ist. Um ihren Berufsweg braucht sich wahrhaftig niemand Sorgen zu machen. Krebs-Drachen durchschauen schnell ungünstige Angebote und verwerfen sie im Nu. Sie suchen die Sicherheit und sind bereit, hart dafür zu arbeiten. Sie sind leicht erregt, aber sie schlucken den Ärger hinunter, der ihnen dann prompt auf den Magen schlägt.

Krebs-Drachen sind gute Menschenkenner. Vielleicht haben sie nur darum so wenige Freunde. Sie wählen mit Bedacht aus, stehen dann aber in letzter Konsequenz zu den Ausgewählten, teilen Freud und Leid und sind aufgeschlossen für ihre Sorgen und Nöte.

In der Liebe halten sich männliche Krebs-Drachen erst das Traumbild einer Frau vor Augen und beginnen zu suchen. Die erste hatte die schönen, gütigen Augen, die zweite die ideale Figur, die dritte war sexy. Um wirklich das Ideal zu finden, müßte sich der Krebs-Drache einen Harem anschaffen, wo er mal diesen und mal jenen Vorzug an verschiedenen Frauen genießen könnte. Da das in unseren Breiten nicht geht, probiert er ausgiebig vor der Ehe, um sich schließlich eine zu nehmen, die ihm vor allem vernünftige Ansichten über getrennte Schlafzimmer und genügend Eigenleben in holder Zweisamkeit mitzubringen scheint. Sie bekommt dafür einen Menschen, der in der Familie aufgeht und für sie großzügig sorgt.

Liebeskummer ist auch weiblichen Krebs-Damen unbekannt. Wer sie einfängt, kann sich glücklich schätzen. Die Krebs-Drache-Frau bringt den Haushalt auf Vordermann, arbeitet nebenbei noch gelegentlich mit und hält das gemeinsame Konto auf stattlicher Höhe. Sie ist nicht knauserig, aber sie dreht den Pfennig zehnmal um, ehe sie ihn für etwas Unnützes ausgeben würde. Sie bleibt selbst für den langjährigen Ehemann eine rätselhafte Frau voller Hingabe, aber auch voller Launen. Vielleicht machen aber gerade diese das Leben mit ihr so abwechslungsreich.

Wer Krebs-Drachen, ob Frau oder Mann, kennen und schätzen lernt, fühlt sich zu ihnen hingezogen. Sie haben trotz ihres verschlossenen Wesens jene herzliche Art, die auf einen guten Charakter schließen läßt.

Löwe-Drachen

(23. Juli bis 23. August)

Man muß den Löwe-Drachen Bewunderung zollen. Sie sind zum Herrschen geboren, was sie ihre Umgebung auch beizeiten spüren lassen. Wo sie sich einmischen, wirbeln sie alles durcheinander und lassen manches Häufchen Elend zurück.

Schon der Löwe ist unter einem Feuer-Zeichen geboren; nun kommt der feurige Drache hinzu – das ergibt, man weiß es, einen tätigen Vulkan. Löwe-Drachen wollen unabhängig sein. Sie suchen den Beruf, der sie frei macht von lästiger Zeiteinteilung. Sie wollen befehlen können, wo das nicht geht, wenigstens ein Mitspracherecht haben.

Im Pläneschmieden sind sie Meister, aber sie setzen Geplantes auch in die Tat um. Manchmal geschieht das nach dem Dampfwalzensystem, das alles niederwalzt, was sich ihm entgegenstellt, oft auch raffiniert durch die Hintertür. Solch königlicher Drache duldet keinen Widerspruch, aber er gibt ihn schon mal als eigene Idee aus.

Dem Löwe-Drache-Mann ist niemand gewachsen. Die Schönen des Landes scharwenzeln um ihn herum und huldigen ihm. Er verschenkt seine Gunst an diese oder an jene Anhängerin. Wen er heiratet, den zieht er zu sich empor. Löwe-Drachen sind die aufmerksamsten Ehemänner, die niemals die Blumen zum Hochzeitstag vergessen. Und nebenbei beweisen sie ihren Herzallerliebsten täglich, wie dankbar diese doch dem Schicksal sein müssen, solch einen Gemahl bekommen zu haben.

Weibliche Löwe-Drachen sind echte Damen vom Scheitel bis zur Sohle. Sie gehen nicht, sie schreiten, wobei sie den Kopf um einiges höher tragen als andere Frauen. Leichtsinnige Liebesabenteuer sind ihnen verhaßt. Löwe-Drache-Frauen flirten gern auf höherer geistiger Ebene; bloßes Süßholzraspeln ist unter ihrer Würde. Sex ist für sie eine der selbstverständlichsten Sachen der Welt, ein langes Vorspiel kann ihnen ein kurzes Lusterlebnis durchaus ersetzen. In der Ehe sind solche Löwe-Drache-Damen dem Gatten hoheitsvoll zugetan. Es soll sogar vorkommen, daß sie vor lauter Liebe ihm gegenüber den ganzen Stolz verlieren.

Auf einen Punkt in der Nachtseele der Löwe-Drachen sollten wir abschließend noch zu sprechen kommen: Trotz allem huldvoll-freundlichem Gehabe können sie schrecklich unbeherrscht sein. Wenn's einmal bei ihnen kracht, dann gleich mit Pauken und Trompeten und Mutters bestem Kaffeegeschirr. Wie schön, möchte man sagen, das macht die Löwe-Drachen menschlicher und holt sie herunter von ihrem Podest.

Jungfrau-Drachen

(24. August bis 23. September)

Jungfrau-Drachen speien nur heiße Luft, zum Feuer langt's bei ihnen nie ganz. Sie sind die Drachen mit kühlem Kopf. Trotzdem halten sie sich nie lange bei der Theorie auf; ihr Metier ist die praktische Durchführung ihrer exakten Pläne. Was sie einmal als richtig erkannt haben, das setzen sie um jeden Preis durch.

Der Erfolg kann bei soviel Willenskraft kaum ausbleiben. Sachlichkeit ist bei den Jungfrau-Drachen oberstes Gebot. Sie mögen nicht die verspielten Menschen, die Unbequemes gern auf morgen verschieben.

Verständlich, daß Jungfrau-Drachen viele Neider haben und noch mehr Kritiker. Man kann sich drauf verlassen: Widersacher werden kampfbereit angenommen, zur Not durch einen Dolchstoß von hinten aus dem Wege geräumt. In der Wahl ihrer Mittel sind Jungfrau-Drachen, wenn man sie dazu zwingt, nicht unbedingt die feinsten Leute.

Jungfrau-Drachen haben den siebten Sinn für Geldanlagen und Finanzgeschäfte. Schon in jungen Jahren bringen sie es meist zu einem Haus oder zumindest zu einem stattlichen Sparbuch. Sie sind in Maßen großzügig. Ihre Geschenke betrachten sie meist als Anlage auf Gegenseitigkeit. Geiz kennen sie nicht, nur die Sparsamkeit, die den eigenen Wohlstand vermehrt.

Bei soviel Geschäftssinn kommt manchmal die Liebe zu kurz. Die Zeit fehlt für zarte Techtelmechtel, zumindest bei den männlichen Jungfrau-Drachen. So gehen sie eines Tages kurzentschlossen auf's Ganze, sprechen die Erstbeste an, die ihnen gefällt, und lassen von nun an nicht mehr locker. Meistens haben diese männlichen Sternenmischlinge Erfolg. Und Glück dazu! Selten haben Jungfrau-Drache-Männer die falsche Wahl getroffen. Klar doch, die Frau hat's gut bei ihnen, kann sich manches leisten, was sie sich vorher nur erträumte. Da kommt die Liebe mit der Zeit nach. Abgesehen davon, daß gegenseitige Achtung für den Jungfrau-Drache-Mann oft viel wichtiger ist als himmelhochjauchzende Liebe, von der man manchmal zu Tode betrübt wird.

Weibliche Jungfrau-Drachen sind ähnlich gelagert wie ihre männlichen Artgenossen. Sie vergessen in der Liebe nicht den geschäftlichen Teil. Das mag nüchtern klingen, ist aber gar nicht so gemeint. Die Drachen-Jungfrau wünscht sich halt gewisse Sicherheiten fürs gemeinsame Leben. Was sich der Herzensgatte dafür eintauscht, ist eine treue, pflichtbewußte Ehefrau, die ihm das Leben erleichtert, wo immer es geht. Nur der Sex wird leicht zögernd dargeboten. Vielleicht macht aber gerade das die Drachen-Jungfrau so anziehend...

Waage-Drachen

(24. September bis 23. Oktober)

Man umwirbt die Waage-Drachen sehr. Sie sind so elegant, so charmant, so galant, daß jeder mit ihnen anbändeln möchte. Und sie können reden – von der Liebe, von der sozialen Besserstellung der Frau und von der künstlerischen Gestaltungskraft ihrer Lieblingsmaler. Der Themenkreis ist weitreichend, womit die umfassende Bildung des Waage-Drachen bewiesen wäre.

Viele ihrer Fans wissen nicht, daß sie hinter ihrem Wissen, das sie so freizügig vor jedem ausbreiten, eine gehörige Portion Unsicherheit verbergen. Sie sind stets in der Angst befangen, daß man sie nicht für voll nehmen könnte, daß ihre Reden als billiges Wortgeklingel empfunden würden. Sie wollen glänzen, sich hervortun um jeden Preis, aber ihr ungerechtfertigtes Minderwertigkeitsgefühl kann sie mitten im schönsten Satz unterbrechen und den Faden verlieren lassen.

Es sind halt sensible Künstlernaturen, die uns da als Waage-Drachen entgegentreten, die immer alles besser machen möchten, obwohl sie vom Wissen her viele ihrer gescheiten Mitmenschen sicherlich überragen.

Solch hochbegabter, intellektueller Mensch bringt es nur darum nicht sehr weit, weil er an sich selbst und sein Können einen viel zu hohen Maßstab anlegt. Wird er als das, was er ist, entdeckt und findet er seinen Mäzen, hat er das Gröbste überstanden.

In der Liebe haben es die Waage-Drachen leichter. Sie verstehen etwas von der sanften Tour, durch die man Zögernde herumkriegen kann. Waage-Drache-Männer sind keine Casanovas, sie haben aber die natürliche Begabung, anziehend auf das andere Geschlecht zu wirken. Gerade deswegen werden sie oft selbst verführt. Seitensprünge von Ehemännern aus dem Waage-Drache-Zeichen sollte die Gattin stets verzeihen: Nicht er war daran schuld, sondern die Frauen, die diesen höflichen Gentleman vom rechten Weg fortlockten.

Weibliche Waage-Drachen schmücken sich gern mit modischen Kleidern und glitzerndem Schmuck. Ständig umweht sie der Hauch ihres Lieblingsparfüms, auf das die Männer fliegen. Ihr Sex betört. Wenn ihr einer gefällt, fackelt die Waage-Drache-Dame nicht lange. Und nur zu gern ist man bereit, ihren Lockungen zu erliegen. Nach Sturm und Drang findet auch sie schließlich den Mann fürs Leben. Er wird sie verwöhnen und noch mehr von ihr verwöhnt. Das hat sie von den Turteltauben abgeschaut.

Haben sie aus dem soeben Gesagten etwa gemerkt, daß Waage-Drachen trotz ihres Esprits manchmal ein wenig oberflächlich sind?

Skorpion-Drachen

(24. Oktober bis 22. November)

Vorsicht! Treten Sie nie einem Skorpion-Drachen zu nahe, Sie könnten sich verbrennen. Er speit Feuer und nimmt jeden an, der sich ihm entgegenstellt. Skorpion-Drachen sind rauhe Gesellen, mit denen nicht zu spaßen ist. Ihre eigene Umwelt halten sie stets in Unruhe. Da kann keiner machen, was er will.

Im Beruf sammeln sie schnell Meriten als Dauerrenner und Dauerbrenner. Wenn sie sich einmal in etwas verbissen haben, kommen sie selten schnell davon los. Sie erkämpfen dem Betrieb günstige Positionen, aber zum Frisieren der Steuererklärung sind sie kaum geeignet. Dagegen spricht ihre unbedingte Ehrlichkeit.

Oft ist ihr Blick getrübt, wenn sie sich zu sehr in einer bestimmten Sache engagieren und darüber manches andere Wichtige vergessen. Man sollte Skorpion-Drachen grundsätzlich als Spezialisten für ein begrenztes Sachgebiet verpflichten, um aus ihnen ein Höchstmaß an Leistung herauszuholen.

Skorpion-Drachen sind in der Liebe keine Kostverächter. Aber sie können sich schwer entscheiden. Mancher, der sie schon erobert zu haben glaubte, wurde vergrault mit einem handfesten Krach. Das scheinbar Flatterhafte im Liebesleben des Skorpion-Drachen ist in Wirklichkeit nur eine Abwehr-Reaktion. Er weiß um seine gelegentlichen Wutausbrüche, um sein cholerisches Temperament, das von Zeit zu Zeit durchbricht. Er nimmt sich nur jemanden, der einsieht, daß er auch die schlechten Seiten eines Partners heiratet.

Nur aus dieser Selbsterkenntnis heraus kommen zum Beispiel männliche Skorpion-Drachen auf ihre einschlägigen Erfahrungen in der Liebe. Als Ehemänner sind sie, abgesehen von den eben geschilderten Ausbrüchen, gut zu halten. Sie setzen sich für die Familie ein, sind ihr Beschützer. Psychologisch geschulte Damen sollten es mit ihnen versuchen und in dem Moment, wo der Skorpion-Drache anfängt zu toben und sich selbst nicht mehr leiden zu können, das mütterlich Sanfte herauskehren. Bei soviel Verständnis wird er weich und anschmiegsam.

Feuriges Temperament kann man den Skorpion-Drache-Frauen bescheinigen. Sie halten sehr auf die Figur. Wenn sie einmal den Mann fürs Leben gefunden haben, wollen sie ihn ganz für sich allein besitzen. Verständlich, wenn der eine oder andere nicht viel von Liebes-Ghettos hält und entfleucht, auch wenn er einsieht, daß er nie eine bessere Gefährtin fürs Leben finden wird als die Skorpion-Drachen-Frau.

Schütze-Drachen

(23. November bis 21. Dezember)

Auch wenn Schütze-Drachen manchmal ihren Mitmenschen den Drachen-Standpunkt klarmachen, sind sie gutmütig und freundlich. Um des lieben Friedens willen verzichten sie sogar einmal auf eroberte Positionen. Und das will bei diesen doch so ehrgeizigen Leuten schon etwas heißen.

Schütze-Drachen erstreben des Lebens Schokoladenseite, auf die sie auch meistens fallen. Ihr Schliff, ihr gesellschaftlich sicheres Auftreten schafft ihnen Bewunderung im Beruf. Man gönnt ihnen den Aufstieg, auch wenn sie kräftig nachhalfen und dabei mit Brachialgewalt Nebenbuhler aus dem Wege räumten.

Auf diese Drachen kann man sich verlassen. Ihrem Wort folgt die Tat. Schütze-Drachen sind die geborenen Politiker, die glauben, was sie sagen. Sie geben sich nie mit Kleinigkeiten ab, sondern folgen lieber der großen Linie.

Im Zusammenleben sind sie erträglich und umgänglich. Von festen Bindungen halten sie nie viel. Das macht ihr Freiheitsdrang, der jeden Zwang verabscheut. In der Liebe genügt oft die Kameradschaft ohne Trauschein, die letztendlich zu nichts verpflichtet.

Männliche Schütze-Drachen probieren diese Lebensanschauung bis zum Exzeß oder bis zum ersten Kind, das einen Vater haben muß. Ein bißchen Junggeselle bleibt auch noch am verheirateten Schütze-Drachen hängen. Seinen Verein gibt er nicht auf, und seine Stammtischabende erst recht nicht. Hier und da sogar seine Freundinnen nicht, wenn er einsieht, daß er eigentlich die Falsche geheiratet hat.

Gar so schlimm sind die Ehemänner unterm Schütze-Drachen auch wieder nicht. Sie sind grundehrlich ihrer Frau gegenüber und spielen nie mit gezinkten Karten. Sie schießen nur manchmal übers Ziel hinaus und brauchen dann die verständnisvolle Gattin.

Weibliche Schütze-Drachen lieben die Freiheit genauso sehr wie ihre männlichen Artgenossen. Für Abenteuer sind sie immer zu haben. Wenn sie den Richtigen finden, sind sie ehrgeizig genug, ihm die beste Ehefrau zu werden, um die ihn jeder beneidet. Da sie gern reden, sollte er zuhören können. Müssen sie tauben Ohren predigen, suchen sie sich den Zuhörer anderwärts. Schließlich hat man seinen Stolz!

Schütze-Drachen beiderlei Geschlechts meistern ihr Leben mit jenem fanatischen Optimismus, der auch andere ansteckt. Es sind Menschen von Fleisch und Blut, denen man kaum böse sein kann, sonnige Typen, die unsere Hochachtung verdienen.

Steinbock-Drachen

(22. Dezember bis 20. Januar)

Niemand braucht mehr Liebe als die Steinbock-Drachen, aber es ist möglich, daß sie diese nicht danken, weil sie auf dem Weg zu Glück und Reichtum vergeßlich werden.
Steinbock-Drachen sind bei der Arbeit in ihrem Element. Sie werken verbissen, aber nicht gerade schnell. Keine Überstunde ist ihnen zuviel, wenn sie gut bezahlt wird und ein bißchen Anerkennung einbringt. Chefs mögen diese fleißigen Arbeiter, die Kollegen schätzen sie wegen ihrer Hilfsbereitschaft, die von den Steinbock-Drachen auf Gegenseitigkeit verstanden wird.
Trotz ihres guten Verhältnisses zum Geld wirken sie nach außen bescheiden. Sie kleiden sich schlicht und einfach, denn sie möchten nicht in der Menge durch Extravaganz auffallen. Obwohl sie sehr modebewußt denken, verstecken sie sich hinter dezenten Farben.
Steinbock-Drachen zögern oft, wenn sie handeln müßten. Ihnen ist der berühmte Spatz in der Hand lieber als die Taube auf dem Dach. Was mancher für Betriebstreue hält, ist in Wirklichkeit nichts anderes als Sicherheitsbedürfnis. Auf die gute Meinung ihrer Mitmenschen legen sie großen Wert; auf diesem Sektor denken sie provinziell. Dem Klatsch sind sie nicht abgeneigt, aber sie hören mehr zu, als daß sie selber etwas dazu beitragen.
Weibliche Steinbock-Drachen haben es manchmal schwer in der Liebe. Auch hier ist das Sicherheitsdenken vorhanden, weshalb sie in der Ehe halbtags weiterarbeiten. Zärtlichkeiten, die sie verschenken, scheinen nicht aus dem Innersten zu kommen. Bei diesen Damen wissen Männer oft nicht, woran sie sind. Und das gerade macht die weiblichen Steinbock-Drachen für viele so anziehend.
In der Ehe spielen sie das schnurrende Kätzchen, vor dessen Krallen man sich aber hüten sollte. Ihr Ordnungssinn im Haushalt geht manchem auf den Wecker. Man sollte sie nicht zu arg kritisieren, dann werden sie wild.
Männer aus dem Steinbock-Drache-Zeichen können ebenfalls wenig Kritik vertragen. Sie lieben die gepflegte Häuslichkeit, sind aber wegen anderweitiger Verpflichtungen viel außer Haus. Ihre Liebe geht kaum über das Maß ehelicher Pflichtübungen hinaus. Nur ab und zu einmal bricht das Feuer des Drachen durch.
Was Steinbock-Drachen beiderlei Geschlechts vor allem brauchen, ist Vertrauen und sehr viel Verständnis für ihre Nachtseele, in der manches kocht und brodelt.

Wassermann-Drachen

(21. Januar bis 19. Februar)

So leicht kann man dem Wassermann-Drachen kein X für ein U vormachen. Sie denken messerscharf. Ihr Verstand ist mit Vernunft gepaart. Sie haken dort ein, wo es sich lohnt.

Wassermann-Drachen stellen sich schützend vor die Kleinen, mit den Großen legen sie sich an. Ihr Rat ist gesucht. Und mit der Zeit merken auch jene, denen die Wassermann-Drachen ein Dorn im Auge sind, daß man soviel Wissen nicht brach liegen lassen darf. So arrangiert man sich, und der Wassermann-Drache fällt die Treppe hinauf. Nicht, daß er nun seinen einstigen Schützlingen die Freundschaft aufkündigt. Die Distanz wird nur erweitert, wenn man es zu etwas gebracht hat. Das muß man doch verstehen.

Beweist man den Wassermann-Drachen daß sie falsch handelten, üben sie Selbstkritik und gehen in sich, aber sie vergessen niemals, wer ihnen zu solcher Bloßstellung Anlaß gab. In diesem Einzelfall sind sie ausnahmsweise einmal nachtragend.

Wassermann-Drachen lieben das Abenteuer. Sie reisen gern und viel; das erweitert ihren Horizont. Schon mancher aus diesem Mischzeichen blieb in fernen Ländern hängen, weil er über der Liebe für Land und Leute auch etwas ganz Privates fürs Herz fand.

Männer dieses Sternentyps setzen sich oft ins gemachte Nest, nicht, weil sie Erbschleicher wären, sondern weil ihnen einfach das Mädchen mit dem Goldpopo gefiel. Sie würden genauso eine arme Landpomeranze heiraten, wenn sie diese auf ihren Reisen kennen lernten. Aber solch Mädel bleibt zu Hause und damit unentdeckt.

Möglicherweise ist besagtes Landkind sogar besser dran als die reiche Schöne. Nicht unbedingt nämlich sind Wassermann-Drachen die allerbesten Ehemänner. Ihr Sinn steht nach Gesellschaften, nach abendlichem Plausch in rosa Salons mit schummerigem Licht. Die Frau mag derweil die Kinder hüten. Ein Trost bleibt ihr: Er ist treu oder läßt sich wenigstens nicht erwischen.

Weibliche Wassermann-Drachen sind hilfsbereit und lebenslustig. An ihrer Seite läßt es sich leben. Mickrige Männlein werden von ihnen zu wahren Helden umfunktioniert oder als ungeeignet entlassen. Sie stürzen sich nicht in die Ehe mit Vehemenz, sondern erst nach längerem Nachdenken, ob der Erwählte auch der Richtige sein könnte. Nur solche Vorauswahl garantiert ihnen die krisenfeste Ehe, in der sie zum Manne aufblicken möchten. Stolz sei der Mann, der bei einem Wassermann-Drachen die Ehetauglichkeitsprüfung bestand!

Fische-Drachen

(20. Februar bis 20. März)

Das verstandesmäßig Erarbeitete setzen Fische-Drachen in die Tat um. Sie haben einen Hang zu künstlerisch-handwerklichen Berufen, in denen sie immer wieder Mäzene finden, die sie fördern. Den Rest steuert Fortuna bei.
Fische-Drachen haben oft sagenhaftes Glück. Wenn's mal nicht so recht weiterzugehen scheint, kommt es auf sie zu und läßt sie gleich die nächsten beiden Hürden nehmen, die man als Doppelsprung vor ihnen aufbaute. Glücklicherweise sind die Fische-Drachen auch intelligent genug, die Stellung zu festigen, die ihnen Fortuna bescherte. Von nichts kommt schließlich nichts.
Die künstlerische Ader der Fische-Drachen ist bekannt. Da sie gepaart ist mit einigem Finanzgenie, bringt sie stets etwas ein. Man ist erfinderisch in diesem Zeichen und liefert gleich den Werbetext mit, der mit vielen schönen Reden anpreist, was dann auch beim Publikum ankommt.
Den Sonnyboys unter den Drachen gelingt auch in der Liebe fast alles. Ihr feuriger Blick allein fängt schon die Mädchen ein, die sich beizeiten um solche Liebhaber bewerben. Ein Fische-Drache-Mann könnte an jedem Finger zehn haben, wenn das nicht zu anstrengend wäre. So nimmt er sich die lustigste von allen und lebt mit ihr wie im Märchen.
Welche Frau wollte einen solchen Ehemann betrügen? Er hat alles, was sie sich wünschen kann: ein großes Herz, ein reizendes Wesen, gute Manieren und Gönner, die jederzeit für ihn einstehen. Er nimmt sie mit auf jedes Fest, und selbst an des Fische-Drachen Männerstammtisch darf sie als einzige Frau kiebitzen. Die beiden Freundinnen, die er zeitlebens hat, brauchen sie nicht weiter eifersüchtig zu machen – es sind die bereits erwähnte Fortuna und nicht zuletzt auch Venus, die ihm die Kunst der Liebe in die Wiege legte.
Fische-Drache-Frauen scheinen den Sex erfunden zu haben. Feurige Liebesbereitschaft ist bei ihnen gepaart mit romantischen Gefühlen. Da muß ja ein Mann glücklich werden! Die Sache hat nur einen Haken: Fische-Drache-Mädchen sind sehr wählerisch. Sie verschenken ihre Gunst nur dem, der etwas von dem rückvergüten kann, was sie zu bieten haben.
Man sieht: Fische-Drachen, ob Frau oder Mann, werden ihren Weg schon machen. Nur Kummer jedweder Art bringt sie um. Das kommt von dem weichen Herz, das in ihrer Brust schlägt.

Die schlaue Schlange

vom Widder bis zu den Fischen

Sind Sie nach der chinesischen Astrologie unter dem Zeichen der Schlange zur Welt gekommen? Dann müßten Sie in einem der nachstehend aufgeführten Jahre der Schlange geboren worden sein:

17.2.1893 – 5.2.1894
5.2.1905–24.1.1906
24.1.1917–11.2.1918
11.2.1929–30.1.1930
27.1.1941–15.2.1942
15.2.1953– 3.2.1954
3.2.1965–21.1.1966
18.2.1977– 7.2.1978

Widder-Schlangen

(21. März bis 20. April)

Wenn sich der Widder Angriffslust mit dem eher bedächtigen Einfühlungsvermögen der Schlangen paart, kommt ein Sternenmischling heraus, der mal hüh und mal hott sagt.

Die meisten Widder-Schlangen stürzen sich mit Elan ins volle Menschenleben, weil Angriff die beste Verteidigung sein soll. Aber nur zu oft müssen sie erkennen, daß Bedächtigkeit und kluges Taktieren nützlicher gewesen wäre. Umgekehrte Erkenntnisse sammeln sie auch – der Zwiespalt kann nur durch enorme Arbeitskraft und viel Energie überbrückt werden. Ein Glück, daß der mit der Zeit nachlassende Eifer des Widders durch der Schlange Durchhaltekraft gemildert wird, sonst käme man kaum zu höheren Positionen.

Manchen Streich spielt den Widder-Schlangen ihr heftiges Temperament. Zu leicht sehen sie rot und werden dann blind. Das macht sie verwundbar. Gegner sollten sich trotzdem hüten: Eine verwundete Widder-Schlange ist gefährlicher, verspritzt ihr Gift und rächt sich tödlich.

Das Gegensätzliche im Wesen der Widder-Schlangen finden viele interessant. Sie sind frisch-fröhliche Typen, die auf ihre Umgebung durchaus anziehend wirken.

In der Liebe schlängeln sie sich heran und erobern im Sturm. Sie lassen nicht locker, erdrücken ihre „Opfer" mit vielen Beweisen heißer Liebe und brechen somit jeden Widerstand. Widder-Schlangen bekommen selten einen Korb.

Die Männer aus diesem Mischtyp sind Charmeure mit dem Herz auf dem rechten Fleck. Und deshalb fallen so viele auf sie herein. In der Ehe entpuppen sie sich manchmal ganz anders. Ihr Charme ist wie ein zerstäubtes Parfüm – er verfliegt sehr schnell. Bei den Widder-Schlangen wird man's merken, wenn sie knurrend und murrend frühmorgens aufstehen, die Zeitung vor sich am Kaffeetisch aufbauen und dem Eheweib erst wieder zu Gesicht kommen, wenn sie sich an der Tür mit flüchtigem Kuß verabschieden. Solch Verhalten sollte als Laune abgebucht werden, denn ansonsten sind sie in der Ehe berückend nett. Man fordere nichts Übermenschliches von ihnen.

Auch Widder-Schlange-Frauen sind launenhaft. Sie leben im Widerstreit mit ihren Gefühlen. Wer sie zart behandelt, lernt sie von ihrer Zuckerseite kennen, als Geschöpf mit Hingabe und viel Sex. Auch sie haben das Herz auf dem rechten Fleck, nur manchmal auch auf der Zunge.

Stier-Schlangen

(21. April bis 20. Mai)

Das Temperament der Stier-Schlangen schlägt Purzelbäume. Wo andere geduldig warten, stoßen sie mit Vehemenz zu. Das bringt ihnen vorzeitig Überraschungserfolge. Niederlagen nehmen sie gelassen hin und bauen von neuem auf. Irgendwann einmal wird sie ihre Schwungkraft hochkatapultieren. Und dann sitzen sie oben und nisten sich fest.

Im Beruf haben Stier-Schlangen große Chancen, zumal zur Leistung eine Menge Glück kommt, auf das sie sich freilich nicht verlassen. Ihr Schwung reißt auch andere mit, womit sie ihre Führernaturen exzellent beweisen.

Stier-Schlangen können stur auf dem, was sie einmal beschlossen haben, beharren. Meistens haben sie recht damit, zumal sie kühl und überlegt planen. Schmutzige Arbeit lieben sie nicht. Warum auch? Sie können in Planungsbüros und Ämtern sehr viel mehr leisten und schneller zu Geld kommen. Das Geldmachen ist ja ihr Hobby.

Sie vereinnahmen den, mit dem sie zum Standesamt gingen, als Eigentum, das man eifersüchtig bewachen muß. Die Liebe ist für Stier-Schlangen immer besitzergreifend. Mit der Zeit weicht sie kameradschaftlichem Zusammenleben, wobei die Schwächen des Partners verständnisvoll übersehen werden, solange er treu und anständig bleibt.

Männliche Stier-Schlangen spielen vor der Ehe gern den Playboy, der sie doch nie und nimmer sind. Bei der ersten oder zweiten Spielkameradin wird denn auch aus Spiel gleich Ernst: Es wird geheiratet!

Die weiblichen Schlangen im Stier-Zeichen zieren sich lang. Sie wollen sich nichts vergeben. Schließlich verführen sie irgendwen, der ihnen gefällt. Möglicherweise verkuppeln sie ihn kurz darauf an die beste Freundin, weil er nur der Zweitbeste war. Den Besten haben sie dabei schon im Auge.

In der Ehe werden Stier-Schlangen immer glücklich. Männer wie Frauen aus diesem Zeichen wollen es gar nicht anders. Man lebt mit ihnen gut zusammen und setzt auch gemeinsam mit der Zeit Speck an. Stier-Schlangen neigen zur Fülle im Alter, weshalb sich die weiblichen unter ihnen mit den Jahren zu immer neuen Schlankheitskuren entschließen. Nur die besonders gut Verheirateten unter ihnen machen solchen Zauber nicht mit, weil sie keine Konkurrenz zu fürchten brauchen.

Kraftvoll, aber ehrlich treten Stier-Schlangen ihren Mitmenschen gegenüber, womit sie einmal mehr beweisen, daß Schlangen nicht falsch, sondern ein wenig unberechenbar sind.

Zwillinge-Schlangen

(21. Mai bis 21. Juni)

Zwillinge-Schlangen denken messerscharf – an den eigenen Vorteil. Sie sind die egozentrischsten unter allen 144 Mischtypen. Dabei schauen sie immer drein, als könnten sie kein Wässerchen trüben. Ihre zur Schau gestellte Sittsamkeit und Bescheidenheit schindet Eindruck und läßt die ersten beiden Sätze dieses Charakterbildes als böswillige Verleumdung erscheinen.

Man kann es den Zwillinge-Schlangen kaum recht machen; immer wollen sie mehr, als sie geboten bekommen. Erfolge nehmen sie als die größte Selbstverständlichkeit der Welt hin, es müssen sich neue, noch größere einstellen. Sie sind nie zufrieden.

Tatsächlich sind Zwillinge-Schlangen immer erfolgreich, weil des Zwillings Wankelmut von der Schlange Hartnäckigkeit übertönt wird. Wenn auf dem geraden Wege nichts erreicht wird, muß auch mal listiges Ränkespiel herhalten.

Doch alles, was Zwillinge-Schlangen unternehmen, wird mit so überzeugendem Charme dargeboten, daß man ihnen selbst dann nicht böse sein kann, wenn man mal von ihnen übers Ohr gehauen wurde.

Zwillinge-Schlangen sind die großen Verführer im Tierkreis. (Eine der ihren überredete wohl Adam und Eva zum Sündenfall.) Das merkt man auf dem Sektor Liebe, in dem sie sich wie keiner sonst auskennen. Nur hält Begeisterung bei diesen wandelbaren Sternenmischlingen nie lange an.

Die erste Beste ist für einen Mann aus dem Zwillinge-Schlange-Zeichen höchstens ein Flirt, eine Liaison, die ihm das Rüstzeug für die Liebe mitgibt. Die zweite vertieft seine Erfahrung. Ab der dritten könnte er ernst machen, aber dann wird er abgelenkt und nimmt sich eine der nächsten. Bei jeder war er Hahn im Korb. Jede hätte er auch – auf Ehre! – geheiratet. Es langte eben leider nicht ganz...

Da solche Mischtypen von der Schlange viel Familienfreundlichkeit mitbringen, die der Zwillinge Freiheitsdrang nur wenig einengt, geht's mit ihnen nach der Hochzeit trotzdem ganz gut.

Das kann man auch den Frauen aus diesem Zeichen nachsagen, die nur noch anspruchsvoller sind als ihre männlichen Artgenossen. Sie sind teure Gattinnen in zweierlei Beziehung: zum einen lieb und sexy, zum anderen verwöhnt und stets auf die letzte Mode bedacht.

Man führe sie öfters mal groß aus, denn in den eigenen vier Wänden allein können sie kaum glücklich werden.

Krebs-Schlangen

(22. Juni bis 22. Juli)

Schutzpatron der Krebs-Schlangen ist der Mond. Er allein ist schuld an ihrem träumenden Blick. Krebs-Schlangen sind von Beruf müde, und wenn man sie schlafen ließe bei vollem Gehalt und freiem Logis, würden sie nicht nein sagen. Da solche Angebote selten sind, nehmen sie andere an, die ihnen viel Freizeit lassen. Überarbeitet hat sich in diesem Zeichen kaum jemand.

Krebs-Schlangen sind tolerant, verträglich und in Maßen schlagfertig. Man muß sie mögen und fördert sie, damit die armen Hascherl es auch einmal zu etwas bringen. Man wird dabei später den Verdacht nicht los, daß sie es nur darauf anlegen, das Hascherl zu spielen, um ohne Mühe ein Treppchen höher zu steigen, wo sie andere für sich arbeiten lassen können.

Daß die Krebs-Schlangen mit dieser Masche auch in den intimen Beziehungen Erfolg haben, ist eigentlich klar. Das Wort „Masche“ könnte falsch verstanden werden; stellen wir also lieber gleich richtig, daß es kaum jemand mit der Liebe ernster nimmt als die Krebs-Schlange. Sie ist so hingebungsvoll und sexbetont wie keiner.

Weibliche Krebs-Schlangen heiraten früh. Sie verführten ihren Partner mit sanftem Augenaufschlag und schüchternem Gehabe. Da muß man ja weich werden! Die meisten Frauen aus diesem Zeichen geben den Beruf zugunsten der Tätigkeit als Hausfrau auf. Sie kochen perfekt, sind den Kindern eine verständnisvolle Mutter, zu der sie noch kommen, wenn sie längst selber Kinder haben, um sich Rat zu holen.

Sie ist vor allem eine liebende Gattin, wenn sie von dem Herzallerliebsten nur ein wenig verwöhnt wird. Von Zeit zu Zeit fühlt sie sich unverstanden; dann sucht sie sich den schuldigen Teil, und der Gatte muß bereuen, auch wenn er sich unschuldig fühlt.

Krebs-Schlange-Männer haben ein ähnliches Verhältnis zu Familie und Ehe wie ihre weiblichen Artgenossen. Sie heiraten aus dem Wunsch heraus, nicht länger allein zu sein. Kaum verheiratet, wünschen sie sich von der Gattin blaue Stunden, in denen sie sich vor ihr und den Kindern abkapseln können. So recht wird man aus diesen Männern nie schlau.

Überanstrengung schadet den Krebs-Schlangen von allen Mischtypen am meisten; man sollte sich danach richten, um sie noch recht lange um sich zu haben. Sie danken es mit übervollem Herzen und mit romantischen Stunden, die man nie vergißt.

Löwe-Schlangen

(23. Juli bis 23. August)

So leicht lassen sich Löwe-Schlangen nicht unterkriegen. Sie setzen ziemlich alles durch, was sie sich vorgenommen haben. Ihre motorische Kraft treibt sie von einer Höchstleistung zur anderen. Nur hier und da setzt die Zündung aus, weil der Motor überdreht wurde. Nach einer Überholung pendelt sich die Drehzahl gleich wieder im oberen Bereich ein. Löwe-Schlangen lieben das Tempo.

Ihr scharfer Verstand bringt sie weiter als ihr handwerkliches Können; schlangenhaftes Glück hilft mit, ebenso der sprichwörtliche Löwenmut. Ihre Ausgeglichenheit läßt Löwe-Schlangen in allen Lebenslagen das Richtige tun. Bewunderung nehmen sie mit gespielter Bescheidenheit entgegen; sie wissen sehr wohl, welche Prachtstücke sie sind.

Löwe-Schlangen finden viele Freunde. Ihr Rat ist gesucht. Sie können herzlich und zuvorkommend sein. Nur wenn's ans Geld geht, zögern sie eine Weile. Das macht die Schlange, die den oft zu großzügigen Löwen bremst.

Im intimen Bereich kommen Löwe-Schlangen durchaus zurecht. Das einzige, worüber ihre Partner klagen könnten, ist die Art, alles allein bestimmen zu wollen. Mitspracherecht dulden sie nur auf dem Papier. Hier sind Ansatzpunkte für Krisen zu erkennen.

Männer aus diesem Mischzeichen erobern auf rasante Art die Frauen. Man liegt ihnen zu Füßen und ist zu allem bereit, um einen dieser königlichen Glückspilze zu bekommen. In der Ehe entpuppt sich freilich manch einer aus diesem Zeichen als rechter Familiendespot, der nur seine eigene Meinung gelten läßt.

Daß sich Frauen die Diktatur dieser Sternenmischlinge nur zu gern gefallen lassen, beweist die niedrige Prozentzahl in der Scheidungsstatistik. Löwe-Schlangen sind zudem auch in der Liebe wahre Alleskönner.

Eine der herrlichsten Frauen unter dem Tierkreis ist die Löwe-Schlange-Dame. Sie hat den Esprit einer lebenslustigen Französin, gepaart mit dem Auftreten einer Grande dame aus den ersten Kreisen. Sie kann sich den Partner aus einer großen Zahl von Bewerbern aussuchen. Der Erwählte wird an ihrer Seite glücklich werden. Sie bietet ihm nicht nur erotische Vergnügungen zu zweit, sondern auch große Gesellschaften, bei denen von ihrem Glanz auch ein wenig auf ihn abfällt. Wer solch hehre Frau heiratet, ist ein gemachter Mann, auch wenn er nichts mitbrachte. Die schlangenhafte Löwin wird ihn schon managen...

Jungfrau-Schlangen

(24. August bis 23. September)

Wenn sie nicht gar so viel bedenken würden, könnten Jungfrau-Schlangen Überragendes leisten. Sie sind pedantisch und kleinlich. Sie sehen jedes noch so verborgene Stäubchen.

Jungfrau-Schlangen streben nach totaler Sicherheit und wagen daher wenig. Man sollte sie ihnen zusichern. Denn es sind nicht die schlechtesten Arbeiter, die den Kern erfassen wollen, bevor sie die große Linie bestimmen. Das Zögernde zahlt sich oftmals aus.

Jungfrau-Schlangen haben ihre Launen, sind nicht so leicht zufrieden zu stellen. Das macht sie nicht zu den angenehmsten Kollegen und schon gar nicht zu den beliebtesten Chefs. So ganz untergehen werden sie nie, weil sie überall Sicherungen eingebaut haben.

Wählerisch sind Jungfrau-Schlangen auch im zwischenmenschlichen Bereich. Da wird geprüft und getestet, ob denn das Lustobjekt für die dauerhafte Bindung geschaffen ist. Verständlich, wenn das mancher Testperson zu pingelig erscheint und sie sich schnell anderwärts orientiert, wo nicht so viel nach dem Vorleben und den familiären Verhältnissen gefragt wird.

Vor allem Jungfrau-Schlange-Männer haben es schwer, in den Stand der Ehe zu treten. Zunächst haben sie ihren Beruf, der sie über Gebühr in Anspruch nimmt, dann aber auch ihre Zweifel, die selbst noch bei himmelhochjauchzender Liebe bohrend an ihnen nagen. Das mag sie bei mancher Schönen gefühlskalt erscheinen lassen.

Daß sie es nicht sind, beweisen die vielen glücklichen Ehefrauen, denen Jungfrau-Schlange-Männer den Himmel auf Erden bereiten. Wenn sie nämlich nach langer Probezeit den Entschluß gefaßt haben, das Wagnis Ehe einzugehen, drehen sie sich um hundertachtzig Grad. Wer bei dem Jungfrau-Schlange-Typ die Reifeprüfung bestanden hat, der behält das Gütesiegel ein Leben lang.

Jungfrau-Schlange-Frauen sind ähnlich veranlagt wie ihre männlichen Brüder. Auch sie prüfen lange, bevor sie sich ewig binden. Nur kann man ihnen mit teuren Geschenken den Blick ein wenig trüben. Denn Jungfrau-Schlangen behängen sich mit echten Klunkerchen, wie andere mit Lametta den Weihnachtsbaum.

Da sie gut aussehen, fallen meist betuchte Männer auf sie herein, auch wenn sich die Jungfrau-Schlange-Damen oft bis zur Prüderie zieren. Wer sie heiratete, weiß, wie schnell selbst Eisberge dahinschmelzen können...

Waage-Schlangen

(24. September bis 23. Oktober)

Wer eine Waage-Schlange nicht mag, ist selbst daran schuld. Diese Schlangen im Waage-Zeichen schlagen alle in ihren Bann. Nur wird mancher das Gefühl nicht los, sie meinten es in ihrer Überschwenglichkeit nicht allzu ehrlich.

Waage-Schlangen sind heitere Wesen, die fröhlich in den Tag hineinleben. Was sie mit Können nicht erreichen, das schaffen sie mit Charme. So ist ihrem beruflichen Fortkommen eigentlich keine Grenze gesetzt, zumal sie Liebkind nicht nur beim Chef, sondern auch bei Kollegen sind.

Waage-Schlangen schmeicheln sich selbst bei alten Brummbären ein und lassen diese das Brummen vergessen. Ihr Leichtsinn ist bekannt, aber er schlägt kaum ins Negative um, weil Waage-Schlangen just im rechten Augenblick immer etwas Glück haben. So ganz schlecht wird es ihnen also nie gehen.

Waage-Schlange-Männer können sich vor Bewerberinnen oft nicht retten. Sie spielen lange mit der Liebe, aber es ist auch möglich, daß sie auf die erste Beste hereinfallen, weil sie ihnen schöne Augen machte.

Die Sternenmischlinge aus dem Waage-Schlange-Zeichen haben den Willen, gute Ehemänner zu sein. Leider reicht ihr Charme für viele, und so könnten sie auf Abwege gelangen, wenn sie nicht die verständnisvolle Ehefrau finden, die im richtigen Moment auch mal das Pin-up-girl spielen kann, um ihren Holden bei der Stange zu halten.

Die Frauen aus diesem Zeichen sind reizende Eva-Töchter, die noch die hohe Kunst der Verführung beherrschen. Wer solch berückende Dame eroberte, kann stolz sein, über einige Dutzend andere triumphiert zu haben. In einer Ehe lernt er sie von jener liebebereiten Seite kennen, die Männer in den siebten Himmel versetzt

Alle Waage-Schlangen haben den Wunsch nach Harmonie. Krach können sie nicht ausstehen. Viele Künstler wurden in diesem Zeichen geboren. Waage-Schlangen können aus einem Nichts kunstvolle Gebilde zaubern. Arbeit ist nicht gerade ihre Stärke, sie bauen mehr auf das Glück, das ihnen auch immer wieder zufällt. Sie wagen gern ein Spiel, verlieren aber nicht gern. Beim Mogeln werden sie selten erwischt. Das kann daher rühren, daß sie zu geschickt für ihre Mitspieler sind.

Der Charakter der Waage-Schlangen schillert in vielen Farben. Wie gut, wenn die Partner Farbenfrohes lieben.

Skorpion-Schlangen

(24. Oktober bis 22. November)

Selbstbewußtsein und Selbstbeherrschung sind bei den Skorpion-Schlangen gepaart mit viel Selbstkritik. Sie suchen nie bei anderen zuerst den Fehler, sondern forschen zuvor bei sich selbst nach. Ihre absolute Wahrheitsliebe wird nur etwas abgeschwächt durch den Willen, sich bedingungslos im Leben durchzusetzen. Und das kann man manchmal eben nur durch kleine Notlügen.

Da Skorpion-Schlangen mit wachem Verstand ausgestattet sind, haben sie es im Beruf nicht schwer. Man kommt ihnen nicht so leicht bei. Ihre Arbeitswut beschränkt sich auf das, was nützlich ist. Gezieltes Schaffen ist der halbe Erfolg. Bei solchen Charakteranlagen kann einer Karriere nichts im Wege stehen.

Leider sehen sie oft nur das Negative. Skorpion-Schlangen können stundenlang über den Sinn des Lebens nachdenken, wobei sie dann zu dem Schluß kommen, sie sollten eigentlich gar nicht geboren sein. Solch düstere Lebensanschauung macht sie ernster als andere Sternenmischlinge.

Mit dem gleichen Ernst können sie auch bei der Liebe zur Sache kommen. Sie verführen ihre „Opfer“ über geistreiche Gespräche, die schließlich in der Zielansprache enden. Da die meisten Partner ausgedehnte Vorspiele lieben, ist für Skorpion-Schlangen das Ziel immer in Reichweite.

Skorpion-Schlange-Männer halten nicht viel von der Ehe. Wenn sie sich schließlich doch zum Gang aufs Standesamt aufraffen, fassen die meisten den heimlichen Entschluß, daß die Ehe kinderlos bleiben sollte. Kinderliebe Frauen machen ihnen einen Strich durch die Rechnung. So werden selbst diese Skorpion-Schlange-Männer Familienväter und beileibe nicht die schlechtesten, weil sie verantwortungsbewußt für das Fortkommen ihrer Sprößlinge sorgen.

Frauen aus dem Skorpion-Schlange-Zeichen lassen sich vor allem von solchen Männern einfangen, an deren Seite der Gesprächsstoff nie ausgeht. Sie wollen an allem Anteil haben, was den Mann bewegt und gleichzeitig auch von sich selbst erzählen. Trister Ehealltag ist nichts für sie. An ihrer Seite kann Langeweile nie und nimmer aufkommen.

Was Skorpion-Schlangen, Mann wie Frau, übrigens am meisten brauchen, sind heitere Partner, die ihnen mit der Zeit das Trübsalblasen austreiben.

Schütze-Schlangen

(23. November bis 21. Dezember)

Schütze-Schlangen sind sehr beliebt, was sie nicht hindert, Nebenbuhler mit nicht sehr feinen Mitteln aus dem Wege zu räumen. Sie setzen die Ellenbogen kräftig ein. Schließlich wollen sie schon in jungen Jahren zu den Bessergestellten zählen.

Ihr Ehrgeiz schafft mit der Zeit alles. Im Sport werden sie Meister, in der Industrie Manager und in der Politik Minister. Wenn sie einigermaßen Geld verdienen, geben sie sich auch mit weniger zufrieden. Zum Geld haben sie das beste Verhältnis; bevor sie ihr eigenes ausgeben, lassen sie andere zahlen.

Schütze-Schlangen sind Schlauberger, die man kaum übers Ohr hauen kann. Außerdem haben sie ein glückliches Händchen, Talent für sechs Richtige im Lotto. Der Einsatz im Spiel muß bei ihnen hoch sein, um so mehr kann man gewinnen. Freilich gibt es einige aus dem Schütze-Schlange-Zeichen, die vor lauter Glück leichtsinnig wurden und mit dem letzten Einsatz Haus und Hof verloren. Sie sind in der Minderzahl – eine echte Schütze-Schlange verliert mit fremden Geld und läßt das eigene auf der Bank Zinsen tragen.

Obwohl Schütze-Schlangen ein gepflegtes Zuhause schätzen, trifft man sie dort nicht oft an, weil sie ihr unruhiges Blut auf Achse treibt. Solche erfolgsgewohnten Leute kommen auch in der Liebe auf ihre Kosten. Gar nicht so wenige unter ihnen machen eine reiche Heirat.

Der männliche Sternenmischling aus diesem Zeichen liebt die Unabhängigkeit; die Ehe erscheint ihm als Zwangsjacke, die man nur überstreift, wenn es sich auch wirklich lohnt. Und dann muß er soviel Platz in diesem Kleidungsstück haben, daß er sich frei darin bewegen kann. Manche „Besitzerinnen“ schwören, er sei der beste Ehemann, den man sich wünschen konne. Nur der aus dem Zeichen Schütze-Schlange weiß, ob das auch stimmt.

Bei den Frauen aus diesem Zeichen klimpert es immer – hier ein Goldreif, dort ein paar Ohrringe und eine Kette. Sie tragen die Wertanlagen stets mit sich herum. Aber man muß es ihnen lassen, da ist nichts überbetont. Wertvoller Schmuck unterstreicht nur, was schon da war: die schlanke Figur, die elegante Erscheinung.

Männer fallen zuhauf auf solche Damen herein. Sie brauchen sich nicht zu beklagen: Schütze-Schlange-Frauen sind das Beste, was man bekommen kann, wenn man sie mit immer neuen Liebesbeweisen an langer Kette hält.

Steinbock-Schlangen

(22. Dezember bis 20. Januar)

Von allen Schlangen sind die aus dem Steinbock die hartnäckigsten, wenn es gilt, ein Ziel zu erreichen. Sie sind mit nichts zufrieden. Lob ist für sie überflüssig, weil sie selbst wissen, was sie können; Tadel spornt ihren Ehrgeiz nur um so mehr an, um es denen zu zeigen, die schlecht von ihnen sprachen.

Wer sie engagiert, hat sich nicht vergriffen. Die Intelligenz der Steinbock-Schlangen treibt immer in die Richtung, die stimmt. Sie verfolgen diese mit sturer Beharrlichkeit. Niemand kann sie von einem einmal eingeschlagenen Weg ablenken. Steinbock-Schlangen verlieren erst dann die Nerven, wenn sie in eine Sackgasse geraten, aber das ist selten. Ihre Vorausberechnungen stimmen im allgemeinen bis auf die letzte Stelle hinter dem Komma.

Auch in der Liebe sind Steinbock-Schlangen berechnend. Wen sie lieben, den wollen sie besitzen. Eifersucht ist ihre Schwäche. Trotz ihrer Großzügigkeit können sie hier mehr als kleinlich sein und bösen Zungen eher glauben als dem Partner, der seine Unschuld beteuert. Steinbock-Schlangen sind mimosenhaft empfindlich, wenn es um die eigene Ehre geht.

Bei solchen Anlagen wäre der Steinbock-Schlange-Mann zum Familiendespoten wie geschaffen. Das ist nicht der Fall: Er kann der großzügigste Vater sein, der seine Kinder auf das Beste ausstaffiert, wobei freilich ein bißchen Eigenliebe mitspielt. Und seine Frau hat auch nicht zu klagen – außer, daß sie sich selbst harmlose Flirts nicht erlauben darf. Daß ihr Holder sich in dieser Hinsicht kaum Beschränkungen auferlegt, darf sie nicht stören.

Die Steinbock-Schlange-Frau kann ihre Liebe nicht so zeigen, wie sich mancher in sie verliebte Mann wünschen möchte. Sie ist nicht scheu, nur ein wenig eckig. Die Schmusekatze ist nicht die Rolle, die sie bühnenreif beherrscht. Da ist manches von einem Kräutchen „Rührmichnichtan", das bei zärtlichem Kontakt in den Boden versinkt. Heißblütig veranlagte Männer müssen sich daran erst gewöhnen.

In der Ehe gibt die Steinbock-Schlange ihre Reserviertheit in gewissen Graden auf. Sie wird die Kameradin des Mannes, die auch beim Geldverdienen mithilft, wenn seine Einkünfte nicht ganz ausreichen. So kommt es, daß sie zeitweilig von zu Hause abwesend ist. Wie schön, daß es die freien Wochenenden und den gemeinsamen Urlaub gibt, in dem in punkto Liebe vieles Versäumte nachgeholt werden kann.

Wassermann-Schlangen

(21. Januar bis 19. Februar)

Wassermann-Schlangen haben den sechsten Sinn. Sie können gezielt in die Zukunft schauen. Meistens sehen sie etwas schwärzer, als es in Wirklichkeit eintreffen wird. Ihre Warnungen sollte man trotzdem nicht in den Wind schlagen; es ist immer etwas Wahres dran.

Im Beruf haben Wassermann-Schlangen skurrile Einfälle, die sie von der übrigen Mannschaft absetzen. Sie wollen immer etwas Besonderes sein. Ihr Fleiß hält sich in Grenzen, aber ihre Ideen sprudeln nur so aus ihnen heraus. Wenn man die überdrehten von den durchführbaren scheidet, bleibt noch viel Brauchbares übrig.

In den zwischenmenschlichen Beziehungen erscheinen Wassermann-Schlangen zunächst ein wenig flatterhaft. Sie können sich nicht entscheiden. Liebe ist für sie ein ganz alltäglicher Vorgang, fast auswechselbar. Wassermann-Schlangen können überzeugend Süßholz raspeln, kurz darauf aber schon die Vergeßlichen spielen. Vor allem die Männer aus diesem Mischtyp sind darin Klasse.

Diese Herren mit dem großen Herzen geraten oft an eine sich mädchenhaft-weich gebärdende Ehefrau, die ihnen nach der Hochzeit mores lehrt. Gar nicht so wenige Schlange-Wassermänner werden zum Pantoffelhelden umfunktioniert, ohne daß sie es merken. Sie spielen den Herrn im Haus und tun doch schließlich das, was ihre Frau nachdrücklich wünscht.

Die Frauen aus diesem Zeichen haben viel Gefühl, aber ihre Annäherungen an das andere Geschlecht erfolgen nur sehr vorsichtig. Zu leicht, glauben sie, könne man sich etwas vergeben. Das darf nicht mit Prüderie verwechselt werden. Auch sie sind Flirts nicht abgeneigt, wenn es bei ihnen aber gefunkt hat, ist für sie Schluß mit allem, was vorher war. Eine Wassermann-Schlange-Frau liebt tiefer als ihr männlicher Artgenosse.

Wassermann-Schlangen sind unberechenbar. Sie fallen nicht nur in der Liebe von einem Extrem ins andere. Sie verwirren gern, um daraus Kapital zu schlagen. Manches Rätsel, das sie aufgeben, bleibt ungelöst. Nur in einem Punkt kann man hundertprozentig mit ihnen rechnen: Sie helfen jedem selbstlos, sogar mit dem letzten eigenen Pfennig, wenn er in Not gerät.

Wassermann-Schlangen bauen nicht unbedingt auf das Glück, aber auch ihnen lächelt Fortuna, wie allen Schlangen, hier und da zu. Ob sie die Dame beim Worte packen, hängt von ihrer Laune ab, die im Widerspruch die größten Blüten treibt.

Fische-Schlangen

(20. Februar bis 20. März)

Es sind die verspieltesten Schlangen, die im Fische-Zeichen geboren wurden. Sie diskutieren gern, wobei allerdings oft im Monolog endet, was als Dialog gedacht war.

Wenn Fische-Schlangen den Beruf nach ihren Wünschen planen, erreichen sie viel. Leistungen anderer erkennen sie neidlos an, richten sich nach ihnen aus und überflügeln die Konkurrenten durch nimmermüden Einsatz, der keine Zeit kennt.

Wenn sie nicht ein so weiches Herz hätten, könnten die Fische-Schlangen noch mehr erreichen. Das Gefühl hält sie immer vom letzten ab; ohne Durchsetzungskraft endet, wo das Herz anfängt. Ellenbogen-Taktik ist nicht ihre Art.

Mit viel Gefühl sind sie auch in der Liebe bei der Sache. Sie erscheinen zunächst schüchtern und scheu, so als ob sie geangelt werden müßten. In Wirklichkeit wählen sie sorgsam aus und verstecken sich hinter der Schüchternheit. Haben sie einmal den Partner gefunden, der ihnen der richtige erscheint, bleiben sie ihm treu. Er mag beizeiten merken, daß man dem Fische-Schlange-Dickkopf seinen eigenen entgegensetzen muß, um nicht total vereinnahmt zu werden.

Fische-Schlange-Männer muß man stets an der Ehre packen, um das Beste aus ihnen herauszuholen. So ist das auch im zwischenmenschlichen Bereich. Man muß sie von Zeit zu Zeit alleine lassen, damit sie ihren Akku aufladen können und das nächste Beisammensein um so schöner wird. In der Ehe stehen sie allemal ihren Mann, zumal wenn sie den Beruf ergreifen konnten, den sie sich wünschten. Ein Fische-Schlange-Mensch hat Nerven, und geht etwas im Beruf verquer, läßt er es gern an denen aus, die ihn lieben.

Die Frauen aus diesem Mischzeichen haben ihre Launen. Sie sind die nettesten Geschöpfe, die man sich denken kann; kriecht ihnen aber die berühmte Laus über die Leber, können sie von einem Augenblick zum anderen garstig und bösartig werden. Ehemänner solcher exzentrischer Damen wären gut beraten, durch liebevolles Verständnis über diesen Zug in der Fische-Schlange-Nachtseele hinwegzusehen. Denn im Grunde genommen haben sie eine der wunderbarsten Frauen aus dem Tierkreis geheiratet, die so herrlich hilflos sein kann.

Fische-Schlangen hoffen stets auf das Glück. Sie sind aber auch mit dem kleinen zufrieden, wenn's für das große nicht langt. So ganz schlecht wird's ihnen nie gehen.

馬

Das ungeduldige Pferd

vom Widder bis zu den Fischen

Sind Sie nach der chinesischen Astrologie unter dem Zeichen des Pferdes zur Welt gekommen? Dann müßten Sie in einem der nachstehend aufgeführten Jahre des Pferdes geboren worden sein:

6.2.1894–25.1.1895
25.1.1906–13.2.1907
12.2.1918–31.1.1919
31.1.1930–17.2.1931
16.2.1942– 4.2.1943
4.2.1954–23.1.1955
22.1.1966– 8.2.1967
8.2.1978–27.1.1979

Widder-Pferde

(21. März bis 20. April)

Kämpfertypen vom Scheitel bis zur Sohle sind die Widder-Pferde. Der Galopp ist ihre Gangart, die leider das Vergaloppieren einschließt. Sie sind unermüdliche Kämpfer, die um jeden Preis ihren Weg machen wollen. Das eigene Ich lieben sie über alles, schließen darin aber auch den ein, der ihnen nahesteht.

Widder-Pferde haben hervorragende Argumente; da ist alles gut durchdacht und vorausschauend geplant. Spüren sie nur den geringsten Widerstand, versuchen sie, mit gewaltiger Stimme zu überzeugen. Und hinterher wundern sie sich, wenn ihr so exzellenter Plan unter dem sprichwörtlichen Motto in die Schublade gekehrt wird: Wer schreit, hat unrecht.

Es sind nicht die Nerven, die den Widder-Pferden Streiche spielen, mehr ihre Egozentrik, der feste Glaube an die eigene Unfehlbarkeit. Solch Verhalten wirft sie immer wieder in der an sich rasanten Aufwärtsentwicklung zurück. Aber sie sind beim nächsten Male kaum klüger, weil sie einfach nicht anders können.

Sie wollen alles einmal ausprobieren, sie sind neugierig von Geburt auf. Diese Neugierde, gepaart mit einem feurigen Temperament, läßt sie früh die Liebe kennenlernen. Auch auf diesem Sektor gehen sie ran wie Blücher und versuchen, im Sturm zu nehmen, was viel leichter mit sanften Streichelkünsten zu gewinnen wäre. Daß sie mit ihrer Methode trotzdem Erfolg haben, liegt an der verständlichen menschlichen Schwäche ihrer Versuchsobjekte.

Männer aus diesem Mischzeichen heiraten oft früh. Wenn ihnen ein Mädchen gefällt, probieren sie nicht erst andere, vielleicht bessere aus, sondern machen ihm gleich den Antrag. Bei solch stürmischer Werbung sagt kaum eine nein.

Ungestüm sind auch die Frauen aus dem Widder-Pferd-Zeichen. Sie wollen von dem Mann, dem sie ihre Gunst schenken, im Sturm genommen werden. Ein langweiliger alternder Playboy hat bei ihnen nichts zu melden. Sie wollen mitgerissen und in der Ehe täglich neu erobert werden. Daß da mancher Mann beizeiten schlapp macht, ist verständlich.

Widder-Pferde lachen gern, für sie ist die Welt ein wieherndes Vergnügen, das man bis zum letzten Atemzug genießen muß. Sie lassen den Rubel rollen mehr noch als andere Pferde. Sie kommen meist zu Wohlstand, den sie sich selbst hart erarbeiteten. Bliebe als Schlußbemerkung nur noch zu sagen: Respekt, Respekt!

Stier-Pferde

(21. April bis 20. Mai)

Seltsam gezügelt ist das Temperament der Stier-Pferde. Auch ihre Abenteuerlust hält sich in Grenzen. Dafür sind sie Finanzgenies.

Die Goldfinger aus dem Stier-Pferd-Zeichen sind bei einer solchen Veranlagung in jedem Betrieb als Finanzberater begehrt, aber auch in anderen Berufen können sie mit ihrem vorausschauenden Weitblick Karriere machen. Daß sie mit der Zeit für sich ein beträchtliches Geldpolster zurücklegen können, steht außer Zweifel. Erstaunlich viele Stier-Pferde werden schon früh selbständig; von Bankrotteuren unter diesem Zeichen hört man nie.

Die Zusammenarbeit mit Stier-Pferden ist sachlich fundiert. Leben und leben lassen, ist hier die Devise. Stier-Pferde sind friedlich und freundlich. Nur hier und da brechen sie aus, aber dann gleich so, daß die Fetzen fliegen. Vom Stier erbten sie eine gute Portion Sturheit, vom Pferd die Überzeugungskraft – eine Mischung, die den Lebenskampf bestehen läßt.

In der Liebe gehen die Stier-Pferde aufs Ganze. Sie wägen nicht viel, wagen um so mehr. Haben sie einmal jemanden ins Herz geschlossen, werden sie ihn mit ihrer Neigung verfolgen, auch wenn sie schon ein paar Absagen erhielten.

Bei solcher Einstellung tun sich vor allem die männlichen Stier-Pferde etwas schwer. Reicht man ihnen den kleinen Finger, nehmen sie die ganze Hand. Den harmlosesten Flirt verstehen sie als Eingeständnis tiefster Zuneigung. Liebelei ist bei ihnen gleich große Liebe. Enttäuschungen bleiben da nicht aus.

Wenn Mädchen, die dem Stier-Pferd einen Korb gaben, wüßten, welch edles Geschöpf ihnen durch die Lappen ging! Stier-Pferde sind die perfektesten Hausväter. Bei ihnen leidet die Familie nie Not, und die Frau, die sie heimführten, ist ihre Königin, der sie alles nebst nimmersatter Liebe zu Füßen legen.

Frauen aus diesem Mischzeichen sind ähnlich liebebedürftig. Sie lassen es in der Ehe dem Mann an nichts fehlen. Im Erstberuf sind sie geschickte Hausfrauen, deren Kochkunst über den grünen Klee gelobt wird, dem zweiten, erlernten gehen sie nur nach, um sich ihrer Umwelt als emanzipiert darzustellen. Dieses Nebeneinander schaffen sie mit Leichtigkeit; Sex und Freizeit kommen trotzdem nicht zu kurz.

Stier-Pferde sind sehr naturverbunden. Man gehe mit ihnen wandern, um sie von ihrer besten Seite kennenzulernen.

Zwillinge-Pferde

(21. Mai bis 21. Juni)

Zwillinge-Pferde scheuen manchmal vor den Hindernissen, die man vor ihnen aufbaut. Auf Umwegen gelangen sie trotzdem zum Ziel. Stillstand ist für sie Rückschritt. Ihr unruhiges Blut jagt sie nach vorn, peitscht sie zu immer neuen Einsätzen, in denen sie sich selbst und ihrer Umwelt beweisen können, welch einmalige Exemplare sie in Wirklichkeit sind.

Zwillinge-Pferden seine eigene Meinung aufzwingen zu wollen, fordert ihren Widerspruch heraus. Man sollte mit ihnen diskutieren, nie streiten um des Kaisers Bart. Guten Argumenten gegenüber sind sie aufgeschlossen und setzen sie in ihre eigenen Pläne ein. Urheberrechtschutz gibt es bei ihnen nicht.

Zwillinge-Pferde haben immer Köpfchen. Sie sind für viele Berufe begabt. Selbst als Künstler würden sie Überdurchschnittliches leisten. Sie managen sich selbst. Leider sind sie etwas wankelmütig, orientieren sich zu schnell um. Aber sie beginnen immer wieder von neuem und setzen sich durch – zur Not auf Kosten anderer.

Der steilen Karriere der Zwillinge-Pferde steht nichts im Wege. Was sie reden, hat Hand und Fuß. Sie könnten Vorbilder sein, würden sie sich nicht zu sehr auf den Standpunkt versteifen, daß jede ihrer Anordnungen richtig ist. Beweist man ihnen, daß sie falsch handelten, werden sie taktlos. Kein Zwillinge-Pferd gibt gerne eigene Fehler zu.

Zum Geld drängt, am Geld hängt bei den Zwillinge-Pferden alles. Sie sind für andere sparsam, können aber für sich selbst und ihre Lieben das Geld zum Fenster hinauswerfen. Nur gut, daß der Kreis ihrer „Lieben“ weitgefaßt ist und auch der Mitarbeiter dazu gehört, der ihnen zu Diensten steht.

Männliche Zwillinge-Pferde sind geschickte Liebhaber. Ihr Charme überzeugt. Sie verkehren in den besten Kreisen, wo sie sich auch meist die Frau fürs Leben suchen. Sie muß allen Ansprüchen gerecht werden. Was sie in die Ehe mitbringt, nimmt man freundlich dankend entgegen und vereinnahmt es auf dem eigenen Konto. Reiche Witwen sind unter diesem Mischzeichen sehr gefragt.

Gar so berechnend sind die weiblichen Zwillinge-Pferde nicht. Sie würden ohne Liebe an sich selbst verzweifeln. Aus dem Mann ihrer Wahl wissen sie etwas zu machen. Er wird ein Herr an ihrer Seite. Der Sex kommt trotzdem nicht zu kurz.

Alle Zwillinge-Pferde brauchen freien Auslauf. Eingesperrt würden sie auf die Dauer versauern.

Krebs-Pferde

(22. Juni bis 22. Juli)

Solche Pferde muß man lieben! Die unter dem Zeichen Krebs geborenen haben mehr Gefühl als die anderen, sind auch nicht so polternd in ihrer Art. Sie haben Sinn für feste Werte und bringen es meist zu einigem Wohlstand.
Krebs-Pferde sind sehr wißbegierig. Schon in jungen Jahren planen sie die Zukunft. An dem einmal erwählten Beruf halten sie fest, selbst wenn sie erkennen, daß ein anderer ihnen besser liegen würde. Um des lieben Geldes willen ist ihnen kein Arbeitstag zu lang. Ihre Leistung ist konstant, ihre Ausdauer durch nichts zu schlagen.
Sie reagieren sehr empfindlich. Wenn man ihnen zu nahe tritt, suchen sie Trost bei Mutter Natur. Beim Wandern finden sie neue Kräfte. Für die Sorgen und Nöte ihrer Mitmenschen haben Krebs-Pferde viel Verständnis, obwohl sie im allgemeinen sehr ichbezogen denken.
Krebs-Pferde haben viele Freunde, die sie aber vergessen können, wenn ihnen die große Liebe begegnete. Und das geschieht im Laufe der Zeit mehrere Male. Da sie übervorsichtig sind, prüfen sie lange, bevor sie eine dieser großen Lieben heiraten.
Vor allem die Männer aus diesem Zeichen sind sehr vergeßlich. Ein schiefes Wort kann sie dem Lustobjekt lebenslänglich entfremden. Liebe ist für sie ein Test, bei dem die anderen bestehen müssen. Krebs-Pferde kennen die Ehe auf Probe. Und weil's so schön war, probieren sie es immer wieder. Irgendwann bleiben sie hängen und werden aufs Standesamt geschleppt. Schlechte Ehemänner sind sie nicht, wenn man sie ab und an zu Denkpausen alleine läßt oder mit ihnen zusammen vom großen Glück träumt.
Die Frauen aus dem Krebs-Pferd-Zeichen sind ähnlich veranlagt. In ihren romantischen Träumen kreuzt noch der Märchenprinz auf, der sie eines Tages heimführt. Heiraten werden sie schließlich den, der auch für ihre hochherrschaftlichen Launen Verständnis aufbringt. Sie sind treu und verwöhnen den Göttergatten nach allen Regeln der Kunst.Aber in ihrer Nachtseele wittern sie stets Verrat. Man muß sie streicheln und ihnen gut zureden, sonst entlaufen sie womöglich auf Nimmerwiedersehen.
Krebs-Pferde, Frau wie Mann, bewegen sich gern in kleinem Kreise. Große Gesellschaften und laute Lustbarkeiten sind ihnen verhaßt. Sie spielen gern und ausdauernd, oft nächtelang. Beim Spiel können sie alles um sich her vergessen, auch die trüben Gedanken, die sie von Zeit zu Zeit überfallen, über sie ach, so böse Welt.

Löwe-Pferde

(23. Juli bis 23. August)

Man kusche gleich und lege sich mit den Löwe-Pferden nie an. Sie lieben den Kampf und werden als Sieger hervorgehen. Das Zusammenleben mit solch zweifach königlichen Geschöpfen ist nicht ganz leicht. Mit Messerschärfe können sie Fehler der Mitmenschen aufdecken und genüßlich zur Schau stellen. Eigene kehrt man unter den Tisch und bleibt sauber.

Ihre berufliche Laufbahn ist vorgezeichnet. Sie wissen mehr als andere und nützen das weidlich aus. Berufe, in denen sie unter Zwang stehen, sind für sie nichts. Löwe-Pferde müssen ihre Freiheit haben, dann entwickeln sie sich besser. Minderwertigkeitskomplexe kommen bei ihnen niemals auf. Sie sind so sehr von sich überzeugt, daß sie auf die Richtigkeit ihrer Anschauungen Eide leisten könnten.

Wenn Löwe-Pferden etwas wider den Strich geht, fahren sie leicht aus der Haut. Das ist ein Warnzeichen für ihre Mitmenschen, schnell das Weite zu suchen. Auch der Zorn ist bei diesen Sternenmischlingen aus dem Löwe-Pferd-Zeichen königlich.

Bis zu einem gewissen Grade kann man ihnen schmeicheln; Übertreibungen werden sie merken und verstimmt sein. Bringt man ihnen ehrliche Achtung und Bewunderung entgegen, schließen sie einen ins Herz. Löwe-Pferde verlieben sich gern. Haben sie aber richtig Feuer gefangen, können sie alle kleinen Flirts und Liebeleien vergessen.

Frauen aus diesem Mischzeichen sind sehr wählerisch. Der Mann, der solch hehres Weib errungen hat, kann stolz auf sich sein. Freilich wird er seine Wahlgeschenke machen müssen, vor allem abschwören dem, was ihm bis dahin lieb und teuer war. Er handelt sich dafür die gescheiteste und liebste Ehefrau ein, die man sich denken kann. Die herrlichste von allen wird, so sie will, auch weiter im Beruf ihren Mann stehen. Man sollte ihr das nicht verübeln.

Die männlichen Löwe-Pferde sind leidenschaftlich bei der Sache, wenn es um die Liebe geht. Sie haben meist mehrere Eisen im Feuer, können aber die treuesten Ehemänner sein, wenn ihnen die teure Gattin Reverenz erweist und zu ihnen hochblickt. Auf Gesellschaften nimmt er sie gern mit, denn er heiratet sowieso nur, was er stolz auch herzeigen kann. Löwe-Pferd-Besitzerinnen sollten nicht traurig sein, wenn er einmal allein auf Urlaub geht. Er macht sich dann doch nur fit für sie.

Löwe-Pferde zu zähmen kostet übermenschliche Geduld, die kaum ein Sterblicher aufzubringen vermag. Man möchte meinen: Gott sei Dank!

Jungfrau-Pferde

(24. August bis 23. September)

Mathematik ist das Lieblingsfach der Jungfrau-Pferde. Sie können ihren Erfolg sicher ausrechnen. Ihre Taktik ist klar: Mit nüchternem Denken gelangt man leichter in bessere Verhältnisse.
Jungfrau-Pferde sind beliebt, weil sie jede Situation mit Humor meistern können. Sie sind hilfsbereit und in jeder Weise zuvorkommend. Nur, wenn sie mit dem falschen Bein zuerst aus dem Bette gestiegen sind, zeigen sie auch mal Launen.
Haben sie sich vorgenommen, ein Ziel zu erreichen, werden sie selbst jene mal reinlegen, die glaubten, ihre besten Freunde zu sein. Jungfrau-Pferde denken sich nichts dabei. Wenn man sie stellt, finden sie glaubhafte Entschuldigungen. Um eine Antwort sind sie nie verlegen.
Im Leben der Jungfrau-Pferde geht alles seinen geordneten Gang. Mancher möchte sie für Pedanten halten. Auch lieben sie die Freiheit, beschränken sich aber meist auf jene des Geistes. Mit dem Verstand ersparen sie sich manchen Ärger. Wer den Jungfrau-Pferden mit Macht entgegentritt, wird sie zähmen können. Trotzdem sollte er sich vorsehen – sie treten hinten aus!
Was die Jungfrau-Pferde neben ihrem Verstandesapparat noch beherrschen, ist die Liebe. Sie sind keine Sex-Kanonen, aber liebevollzärtliche Gespielen. So etwas wünschen sich viele für ihre sogenannten schwachen Stunden.
Männliche Jungfrau-Pferde erobern mit Verstand. Sie traben an ihr Gunstobjekt heran und sagen charmant ihr Sprüchlein auf. Ihr Humor trägt einiges dazu bei, daß die Schönen weich werden. Nicht, daß sie Lustmolche wären, die sich von mehreren Bienen gleichzeitig umschwirren lassen. Erstens kommt ihnen das auf die Dauer zu teuer, und zweitens haben Jungfrau-Pferde bei all ihren anderweitigen Aufgaben nur wenig Zeit für die Liebe.
Herzig sind die weiblichen Jungfrau-Pferde. Sie halten viel von zärtlichen Vorspielen, von langen, weltbewegenden Gesprächen zu zweit. Im Grunde sind sie unverbindlicher als andere Pferde-Damen. Aber was ihnen als Kälte ausgelegt werden könnte, ist nur damenhaftes Zieren. In der Ehe lernt man dann den Eisberg kennen, der in Wirklichkeit ein getarnter Vulkan war.
Auch Jungfrau-Pferde lieben das Abenteuer. Mut dazu haben sie, es zu bestehen. Wenn nur nicht die Bequemlichkeit wäre, die sie Abenteuer lieber auf der heimischen Bildröhre erleben läßt...

Waage-Pferde

(24. September bis 23. Oktober)

Einfühlsam und charmant sind die Waage-Pferde. Was sie sich einmal in den Kopf gesetzt haben, führen sie durch. Sie sind sehr anpassungsfähig, was sie in den Geruch der Falschheit bringen könnte. Ihre Forschheit wird durch eine unbedingte Friedensliebe gebremst.
Waage-Pferde sehen mit sicherem Blick, wo ihr Vorteil liegt. Sie werden ihn wahren, wenn sich keine unübersehbaren Schwierigkeiten entgegenstellen, vor denen vorsichtig taktierende Waage-Pferde allemal zurückschrecken. Alles, was ihnen lästig werden könnte, streifen sie ab. Sie hassen Streit und Zank, obwohl sie gegebenenfalls kräftig mitmischen können.
Am besten würden sie einen künstlerischen Beruf ergreifen, weil der ihrer Intuition entgegenkäme, für einen Empfangschef hätten sie erstklassige Manieren, für einen Makler die rechte Menschenkenntnis. Berufe, in denen man sich die Finger schmutzig macht, lieben sie nicht.
Frauen aus dem Waage-Pferd-Zeichen putzen sich gern heraus. Wo die Natur zu blaß wirkt, helfen sie nach. Sie wollen dem Mann gefallen, den sie sich aussuchten. Auch er wird von seiner Waage-Pferd-Frau nach der letzten Mode ausstaffiert und dann herumgereicht, damit man den Wunderbaren auch gehörig bewundern kann. Nach zwei oder dreien von dieser Sorte, hat sie meist den Zauber satt und holt sich einen richtigen Mann, er neben inneren Werten auch einige Äußerlichkeiten mitbringt. Ein Waage-Pferd-Mädchen kommt nicht ganz billig. In der Ehe wird er leicht zum dressierten Mann, der tut, was die Hübsche ihm befiehlt. Im Beruf mag er das Sagen haben, privat bestimmt sie.
Die männlichen Waage-Pferde heiraten am besten ein Luxusweib, das mit ihnen auf Partys und Gesellschaften Schritt halten kann, das die hochgeschraubten Erwartungen in jeder Beziehung noch übertrifft. Da solche Damen nicht gerade dick gesät sind, geraten die Waage-Pferde oft an die leichten Mädchen, die mit Kichern und Getue Fehlendes ersetzen wollen. Gerade der Wählerischste von allen fällt auf so etwas herein. Oder nahm er es nur, um den Beweis für den Spruch anzutreten, daß Gegensätze sich anziehen?
Werde einer aus den Waage-Pferden klug! Ihre Launen sind hochherrschaftlich, ihr Charme hinreißend. Von Widersprüchen schillert ihr Charakter. Nur wer sie liebt, weiß, daß das Waage-Pferd anders ist als sein Ruf: Ein Mensch, der auf der Bühne des Lebens ein Star sein möchte und mal in diese und mal in jene Rolle schlüpft.

Skorpion-Pferde

(24. Oktober bis 22. November)

Im Beruf macht den Skorpion-Pferden keiner etwas vor. Sie erkennen stets das Richtige und handeln danach. Niemand wird sie von einem einmal gefaßten Entschluß abbringen. Sie setzen sich durch – meist mit den besseren Argumenten, oft auch mit handgreiflichen Beweisen.
Skorpion-Pferde können leidenschaftlich eine Idee vertreten, in die sie sich verrannten. Es geht etwas motorisches von ihnen aus, das mitreißt. Und schlägt fehl, für das man eintrat, werden die Skorpion-Pferde genügend Gründe finden – nur den einen nicht, daß es wohl an der eigenen Verbohrtheit gelegen haben könnte.
Dabei sind Skorpion-Pferde äußerlich so beherrscht, so kühl, so überlegen. Niemand würde den Hitzkopf erkennen, den sie zeitweilig spielen. Sie finden Förderung im Beruf und im Privatleben. Man mag sie. Und selbst, wenn sie einen enttäuschen mußten, kann man ihnen nicht böse sein.
In der Liebe können Skorpion-Pferde blindlings ins Verderben rennen, wenn sie sich am falschen Objekt orientierten. Hier ist das Beharrliche des Skorpions mit der ungestümen Wildheit des Pferdes gepaart. Reinfälle können da nicht ausbleiben.
So klug und beherrscht männliche Skorpion-Pferde wirken – in der Liebe sind sie wie Wildpferd-Hengste, die ihre Stute solange jagen, bis sie erschöpft zusammenbricht. Sie fragen nicht nach Bildung, nicht nach Stand und Vorleben – für sie gilt einzig und allein die Tatsache, daß sie ihr Opfer von nun an ganz für sich alleine haben. Mit anderen Worten: Der Skorpion-Pferd-Mann spielt blind Schicksal und löffelt in der Ehe die Suppe aus, die er sich einbrockte. Selbst wenn sie versalzen wäre, würde er sie bis zur Neige kosten. Sein Dickkopf kehrt sich auch gegen die eigene Person.
Leidenschaftlich wie ihr Artgenosse ist die Skorpion-Pferd-Frau. Wenn sie liebt, ist Eifersucht im Spiel. Sie bewacht den Mann ihrer Wahl unauffällig und rächt sich gegebenenfalls, in dem sie Gleiches mit Gleichem vergilt.
Vorurteile kennt sie nicht. Sie würde ein Leben lang zur Linken mit einem noch verheirateten Mann zusammenleben, wenn er ihre Liebe leidenschaftlich erwidern würde und ihr nur treu bliebe. Der Trauschein ist für sie nur ein Blatt Papier – wenn's dem Mann gefällt, soll er's ausfüllen! Wichtig ist ihr das Wort, das man sich gab.
Alle Skorpion-Pferde können nicht lügen. Bittere Wahrheiten schlucken sie eher als faustdickes Geflunker. Sie haben eben Charakter!

Schütze-Pferde

(23. November bis 21. Dezember)

An Ausdauer kommt den Schütze-Pferden niemand gleich. Sie arbeiten fleißiger als ihre Konkurrenten und stehen auch meist früher als diese auf. In der Verfolgung eines Zieles stellen sie ihre Hartnäckigkeit unter Beweis. Aufhalten kann sie niemand.
Im Beruf lassen sie sich auf nichts ein, was ihren Vorwärtsdrang hemmen könnte. Sie sind gute Kollegen, solange ihnen niemand im Wege steht. Wenn notwendig, ducken sie sich sogar vor den Oberen, obwohl sie Befehle nicht ausstehen können. Aufmunternde Worte helfen mehr. Ein Schütze-Pferd tut immer das, was es selber für richtig hält.
Diese Sternenmischlinge sehnen sich nach Unabhängigkeit, nach einem eigenen Geschäft oder wenigstens nach einem Beruf, der ihnen viele Freiheiten läßt. Meistens erreichen sie das erstrebte Ziel, oft über den Ausflug in fremde Länder, was ihrer Abenteuerlust Genüge tut. Auch sie kennen keine Minderwertigkeitskomplexe. Ein Schütze-Pferd, das stürzt, rappelt sich auf und nimmt das Rennen wieder auf. So besteht man den Lebenskampf erfolgreich.
Schütze-Pferde sind sehr impulsiv; sie sagen, was sie denken sarkastischer als sie es meinen. Ihre Partner müssen sich erst daran genauso gewöhnen wie an das hitzige Temperament, das sie ins Liebesgefecht werfen.
Männliche Schütze-Pferde sind Entdeckertypen. Ihre Liebesabenteuer kennen keine Grenzen. Wenn ihnen eine Maid gefällt, setzen sie ihre ganze Überredungskunst ein und haben Erfolg bald bei dieser, bald bei jener. So stürzen sie oft von einer Romanze in die andere. Vor der Ehe scheuen sie zurück. Schütze-Pferd-Männer fühlen sich bestätigt, wenn die Mädchen sie umschwirren. Dabei gäben sie, wenn sie nur wollten, ganz passable Ehemänner ab.
Kurz vor der Hochzeit hat schon manche Schütze-Pferd-Frau Schluß gemacht mit dem Auserwählten. Sie fand das berühmte Haar in der Suppe. Denn Schütze-Pferd-Frauen sind nicht so leicht hinters Licht zu führen. Sie sind keine Kratzbürsten, die den Männern das Leben schwer machen, eher sanft und anschmiegsam. Aber sie haben ihren eigenen Kopf, träumen noch von der einzig großen Liebe.
Sie scheren sich nicht um Vorurteile. Für sie ist nur die eigene Meinung wichtig. Haben sie endlich den Mann fürs Leben gefunden, gilt für sie nur das eine: ihn glücklich zu machen.
Woraus man ersehen mag, daß Schütze-Pferde ihre Ideale haben.

Steinbock-Pferde

(22. Dezember bis 20. Januar)

Von allen Pferden haben es die aus dem Steinbock-Zeichen am schwersten. Das macht ihre sagenhafte Gründlichkeit. Um zu beweisen, wieviel sie leisten können, lassen sie meist noch zusätzliche Hindernisse vor sich aufbauen. Daß da Stürze auf die Dauer nicht ausbleiben können, ist verständlich. Steinbock-Pferde trösten sich mit der Erkenntnis, daß man nur aus Fehlern seine Lehren ziehen kann.

Pflichterfüllung ist für sie oberstes Gebot. Sie bleiben sachlich, solange der Gegner es ebenfalls ist, und funken dazwischen, wenn sie Verrat wittern. Steinbock-Pferde haben den Mut, heiße Eisen anzufassen, selbst wenn sie sich dabei die Finger verbrennen.

Sie lernen von der Pike auf ihr Handwerk, studieren mit Ernst und Ehrgeiz. Der Aufstieg ist jedem Steinbock-Pferd sicher, wenn es die Sache richtig anpackt und sich auch einmal weise zurückhält, wo es eigentlich vorschnellen wollte.

Steinbock-Pferde reden gern, sie können sogar überzeugen. Scharfe Widerrede bantworten sie zunächst mit Humor, dann mit einem Sarkasmus, der hart an persönlicher Beleidigung vorbeizielt. Steinbock-Pferde sind da nicht pingelig.

Gut für die Steinbock-Pferde, wenn sie einen Partner fanden, der treu zu ihnen hält, auch wenn sie einmal zur Talfahrt ansetzen. Sie brauchen den Halt, selbst wenn sie glauben, alles allein machen zu können. Nur sollte besagter Partner sich im Hintergrund halten.

Männliche Steinbock-Pferde sind durchaus für die Liebe. Wenn sie Zeit haben, vernaschen sie die Schönen dutzendweise. Da ihre Zeit knapp ist, langt's meist nur für die erste Jugendliebe, an die man sich bereits gewöhnte. Sie sind tolerant. Ihre Frau darf den Beruf weiter ausüben, wenn sie will. Nur in seinen Kram dreinreden sollte sie dem Steinbock-Pferd nie.

Auch die Steinbock-Pferd-Frau ist erfolgsabhängig. Sie schuftet in dem erlernten Beruf wie ein Mann und fordert gleiches Gehalt für gleiche Leistung. Für die Liebe hat sie ebenso wenig Zeit wie ihr männlicher Artgenosse, was sie aber nicht daran hindert, auf diesem Sektor Überstunden zu machen. Ihr Temperament ist gezügelt, bei dem Richtigen aber bricht es mit Vehemenz hervor. Und dann drängt sie auf Heirat und hat von nun an einen zweiten Beruf, den sie wie den ersten perfekt beherrscht.

Steinbock-Pferde geben sich nicht mit halben Sachen ab. Im Beruf nicht, erst recht aber nicht in der Liebe.

Wassermann-Pferde

(21. Januar bis 19. Februar)

Auf der Rennbahn des Lebens kommen Wassermann-Pferde glänzend voran. Sie sind Stürmer und Dränger und scheuen vor den höchsten Hindernissen nicht zurück. Ihre Sprungkraft katapultiert sie in die Chefetagen. Ihr Egoismus ist ausgeprägt, was ihnen viele Sympathien verscherzt.

Wassermann-Pferde nutzen jede Chance. Sie sind startbereit, während die anderen noch schlafen. Sie fordern zum Kampf heraus, wohl wissend, daß sie am Ende siegen werden. Manchmal schießen sie übers Ziel hinaus. Und dann müssen sie Farbe bekennen.

Wer soviel Erfolg gewöhnt ist wie das Wassermann-Pferd, macht leicht Fehler. Das wird es nie zugeben und lieber den anderen zuschieben, was es selbst verkorkste. Wassermann-Pferde halten den Angriff für die beste Verteidigung. Ihre Mittel sind nicht immer die feinsten. So setzen sie sich durch, gehaßt von den einen, die sie für rechte Schlitzohren halten, geliebt von den anderen wegen ihres Draufgängertums.

Haß und Liebe stehen auch bei den zwischenmenschlichen Beziehungen der Wassermann-Pferde eng beieinander. Es gibt zu viele, die von ihnen enttäuscht wurden. Sie sammelten lediglich Erfahrung, wo es die anderen ernst meinten.

Die Männer aus diesem Mischzeichen halten Frauen zunächst für Versuchsobjekte. Sie studieren, wie weit man gehen darf, und gehen darüber hinaus. Am Ende tun sie so, als sei nichts gewesen.

Wassermann-Pferd-Männer lassen sich nicht so leicht einfangen, schon gar nicht von heiratswütigen Mädchen, die sich versorgt sehen wollen. Was sie lieben, ist die Frau, die ihnen ebenbürtig ist, die ihnen zur rechten Zeit auch mal kontra gibt.

Individualisten sind Wassermann-Pferd-Frauen. Sie sind tolerant, aber auch ein wenig sprunghaft. Man bändelt leicht mit ihnen an; das macht der Schuß Leichtsinn, den sie vom Pferd her im Blute haben. Man kommt schwer von ihnen los – die Eifersucht stammt vom Wassermann. In der Ehe mit einer Wassermann-Pferd-Frau kriselt es immer ein bißchen. Für sie reinigt ein Krach die Atmosphäre. Daß dabei die schönsten romantischen Gefühle zu Bruch gehen, darüber denkt sie nicht weiter nach. Ihr Ehemann müßte abgehärtet sein.

Verraten wir noch zum Schluß, daß zwei Seelen in den Wassermann-Pferden um die Vorherrschaft kämpfen. Die eine will der Menschheit tiefste Geheimnisse erforschen, die andere bleibt an der Oberfläche. Es kommt sehr darauf an, welche schließlich die Oberhand behält.

Fische-Pferde

(20. Februar bis 20. März)

Fische-Pferde träumen von den Abenteuern, die andere Pferde erleben. Sie haben soviel Phantasie, daß ein Schriftsteller davon jahrelang leben könnte. Zurückhaltung kennen sie nicht. Wenn's not tut, mischen sie sich überall ein, auch wenn ihre Meinung nicht gefragt ist.

Bevor Fische-Pferde etwas beginnen, bedenken sie die Folgen. Das hat seine Vorteile, verlangsamt aber den geraden Weg zum Erfolg. Sie streben nach Sicherheit, auch im Beruf. Verträge mit kurzer Laufzeit nehmen sie nicht an.

Von allen Pferden haben die unter dem Fische-Zeichen geborenen die meisten Hemmungen. Das versuchen sie manchmal durch naßforsche Art auszugleichen, statt mit Akribie dagegen vorzugehen. Sie fühlen sich gleich verunsichert, wenn man ihnen Fehler vorwirft, die sie vielleicht gar nicht gemacht haben. Ihre Hilflosigkeit erweckt Mitleid, das man ihnen gegenüber aber nie offen zeigen sollte.

Im Grunde genommen sind die aus dem Fische-Zeichen die liebenswertesten unter den Pferden. Sie haben Herz, sie haben Gefühl. Sie können keiner Fliege etwas zuleide tun. Sie haben aber auch Launen, die diese guten Eigenschaften manchmal überschatten.

Männliche Fische-Pferde sind für die Liebe geboren. Sie überzeugen mit ihrem Charme, der für mehrere gleichzeitig langt. Ihre Zärtlichkeit kommt von innen. Da ist nichts Forderndes, nur hingebungsvoller Eros. Das wirkt verspielt, ist aber doch bei jeder ernst gemeint. Fische-Pferd-Männer sind nun mal so.

Die meisten von ihnen heiraten früh und sind entsetzt, wenn in der Ehe der Honigmond nicht ewig anhält, daß auch einmal mit harten Bandagen gekämpft werden muß. Solch romantische Naturen haben es schwer, sich im Ehealltag zurechtzufinden. Sie müßten schon eine in jeder Weise verständnisvolle Gattin haben, um das Dilemma zu überwinden.

Weibliche Fische-Pferde sind ähnlich romantisch gelagert. Sie wickeln die Männer mit Sanftmut ein und führen sie zum Traualtar. Die Ehe hält bei ihnen eher als bei ihren Artgenossen, weil sie stets eine weibliche Waffe parat haben, die Männer um den Verstand bringen kann. Wir meinen das Tränenkrüglein, das jede Fische-Pferd-Frau als Aussteuer in die Ehe mitbringt. Als raffinierte Evastochter weiß sie es einzusetzen. Welcher Mann wird da nicht kirre?

Fische-Pferde, sind sie auch sanft wie die Fische, bleiben doch am Ende sieggewohnte Pferde.

羊

Die artige Ziege

vom Widder bis zu den Fischen

Sind Sie nach der chinesischen Astrologie unter dem Zeichen der Ziege zur Welt gekommen? Dann müßten Sie in einem der nachstehend aufgeführten Jahre der Ziege geboren worden sein:

26.1.1895–13.2.1896
14.2.1907– 1.2.1908
1.2.1919–20.1.1920
18.2.1931– 6.2.1932
5.2.1943–25.1.1944
24.1.1955–11.2.1956
9.2.1967–29.1.1968
28.1.1979–15.2.1980

Widder-Ziegen

(21. März bis 20. April)

Widder-Ziegen sind schon rechte Gewitterziegen. Es blitzt und donnert bei ihnen und bei den anderen schlägt's ein. Dabei können sie so nett und liebenswürdig sein, daß man ihnen kaum etwas Arges zutrauen möchte. Vom Widder haben sie das Hitzige, von der Ziege das kritisch Abwägende. Zwei unterschiedliche Temperamente kämpfen also in der Widder-Ziegen-Brust stets um die Vorherrschaft. Mal gehen sie aus sich heraus, daß man sie für rechte Siegernaturen hält, dann wieder können sie sich selbst nicht mehr leiden.

Auf der anderen Seite wird die forsche Art des Widders durch der Ziege kluges Überlegen gebremst. Das läßt nur das Beste für das berufliche Fortkommen erhoffen. Tatsächlich bringt der kritische Sachverstand der Widder-Ziegen manches zuwege, von dem andere nur träumen. Und wenn sie von Zeit zu Zeit poltern, kann das weiter keinen Schaden anrichten – Klappern gehört ja zum Handwerk.

Im zwischenmenschlichen Bereich finden Widder-Ziegen oft nicht den rechten Anschluß. Hier brechen ihre Launen durch, die von cholerischem Temperament begleitet sind. Widder-Ziegen werden nicht so schnell warm mit neuen Bekannten. Es ist nicht Schüchternheit, was solche Kontaktarmut bewirkt, sondern eher ein Hineinhorchen in sich selbst, ob der andere auch kritischer Betrachtung standhalten kann.

Diese Vorsicht zahlt sich in der Partnerwahl aus: Wer bei den Widder-Ziegen landet, der hat die Ehetauglichkeitsprüfung mit Note 1 bestanden! Von nun an darf er Blitzableiter sein.

Ganz so schlimm sind diese Sternenmischlinge nicht. Die Widder-Ziege-Frau ist sogar ein echtes Klasseweib, das für seine jeweiligen Männer, wenn's sein muß, durchs Feuer geht. Lebenslänglich verpflichtet sich die Widder-Ziege freilich erst nach ausgedehnter Probezeit. Hat sie dann den passenden Mann fürs Standesamt gefunden, kann eigentlich nichts mehr schief gehen. Gute Anlagen zur Hausfrau hat sie allemal, und das ab und zu Launenhafte kann ein verständnisvoller Ehemann leicht wegstreicheln.

Widder-Ziege-Männer haben es schwer, weil sie gar zu gern den Pascha spielen möchten. Sie brauchen eine energische Ehehälfte, die ihnen mit der Taktik der kleinen Schritte die schlechten Allüren allmählich austreibt. Wenn das klappt, und man mit ihnen in jeder freien Stunde durch Gottes freie Natur wandert, sind Widder-Ziege-Ehemänner mit das beste, was der Tierkreis zu bieten hat.

Stier-Ziegen

(21. April bis 20. Mai)

Am liebsten lägen Stier-Ziegen auf der faulen Haut und sonnten sich angesichts vollbrachter Leistungen. Leider wird man zum Rentner nicht geboren, sondern muß sich das Ruhegeld erst in mehr als vier Jahrzehnten erarbeiten. Stier-Ziegen schaffen das leicht, zumal sie meist durch ihre gesunde Lebensweise älter werden als andere Sternenmischlinge.

Sie brauchen halt immer jemanden, der ihnen ein bißchen Mut macht, der sie fördert und lenkt. Der Einsatzwille, den sie vom Stier erbten, ist ja durch ziegenhafte Zurückhaltung beschränkt. Die Ideen sprudeln meist nur so aus ihnen heraus, bloß mit der Verwirklichung lassen sie sich Zeit. Hier sollte man den Hebel ansetzen und die Stier-Ziegen anspornen – es wäre nicht nur zu deren Bestem.

Als anhängliche Partner sind sie sehr geschätzt. Stier-Ziegen haben eine Menge Freunde, die sich für sie einsetzen, während man selber die Dinge auf sich zukommen läßt und lieber auf morgen verschiebt, was man heute besorgen könnte.

„Eile mit Weile" heißt die Losung der Stier-Ziegen, wenn sie auch im privaten Bereich immer wieder durchbrochen wird: Diese Sternenmischlinge binden sich oft schneller als andere, klug bedenkend, daß man zu zweit besser durchs Leben kommt.

Stier-Ziege-Männer lassen sich gern von ihren Frauen verwöhnen. Sie wollen ihre Ruhe haben, sind darum häuslich und friedlich. Gar nicht so wenige Stier-Ziege-Männer spielten schon mit dem Gedanken, sich als Hausmann zu verpflichten, während die Ehefrau die Brötchen verdient. Wetten, daß sie den Haushalt exzellent führen und den Kindern eine gute Erziehung angedeihen ließen!

Für die Familie ist den Stier-Ziege-Männern nämlich kein Einsatz zu hoch, für ihre Lieben machen sie sogar Überstunden, für ein Zubrot. Woraus man ersehen kann, daß Stier-Ziegen nur eine Aufgabe erhalten müssen, um Höchstleistungen zu vollbringen.

Allen Frauen aus diesem Mischzeichen werden gute bis überragende hausfrauliche Qualitäten nachgesagt. Sie sprudeln über vor Frohsinn, aber manchmal bricht der Ziege Kritiksucht durch, und der Haussegen hängt schief. Man sollte ihnen zuhören können und den Zerknirschten spielen, dann werden sie weich wie Butter.

Alle Stier-Ziegen haben Humor, können sogar Spott vertragen. Man sollte mit ihnen viel lachen, damit einige Züge, die in ihrer Nachtseele entgleisten, vom Lebensfahrplan abgesetzt werden können.

Zwillinge-Ziegen

(21. Mai bis 21. Juni)

Auch die Zwillinge-Ziegen lachen gern und finden manches lächerlich, was um sie herum so geschieht. Ihre Nervenstränge scheinen drahtseilartig zu sein, aber sie liegen unter dünner Haut, die nur zu leicht von böswilligen Mitmenschen geritzt werden könnte.

Die Intelligenz ist bei allen Zwillinge-Ziegen überdurchschnittlich entwickelt. Sie treibt nur manchmal in die falsche Richtung, weil die Ziegen hüh und die Zwillinge hott sagen. Das sind die zwei Seelen, die in ihrer Brust wohnen; die eine will sich von der anderen trennen, und heraus kommt eine Unentschlossenheit, die unter Umständen der beruflichen Laufbahn abträglich ist.

Bezwingen die Zwillinge-Ziegen ihre Wankelmütigkeit, ist ihr Höhenflug beschlossene Sache. Am besten, sie fänden einen zusätzlichen Bremser, der ihnen in engen Kurven tatkräftig zur Seite steht und ein Hinausschleudern verhindert. Denn das sollte auch nicht verschwiegen werden: Zwillinge-Ziegen sind oft da mutig, wo kühle Überlegenheit mehr lohnt als verwegenes Heldentum.

Natürlich haben Zwillinge-Ziegen viele Freunde, die sie möglicherweise nach Kräften ausnützen werden. Sie verschenken viel, aber sie heimsen noch mehr für sich ein. Das kommt daher, daß Zwillinge-Ziegen ihre Geschenke, und seien sie noch so klein, wunderhübsch verpacken können. Da will der Empfänger sich doch nicht lumpen lassen!

Zwillinge-Ziege-Männer sind Gentlemen vom Scheitel bis zur Sohle und Schmeichler dazu. Ihre humorige Art bringt die Frauen zum Lachen. Wer lacht nicht gern? Solch lustige Vögel finden leicht ein Nest, das mit Luxus und Liebe ausgestattet ist. Männer aus diesem Mischzeichen verlieben sich schnell. Man sollte nur aufpassen, daß man sie nicht auch zu rasch verliert.

Männer mögen Mädel aus dem Zwillinge-Ziege-Zeichen auf Anhieb. Diese fröhlichen Persönchen wissen immer neue Mittel, ihre Freunde zu fesseln. Von Zeit zu Zeit brauchen sie freilich Ruhepausen – die Liebe strengt an. Man gönne sie ihnen nicht. Denn gerade in diesen Pausen fanden Zwillinge-Ziege-Frauen den Mann fürs Leben und ließen einen enttäuschten Liebhaber zurück.

Natürlich machen Zwillinge-Ziegen vor lauter Übermut manches falsch. Sie kosten jeden, der sie liebt, eine Menge Nerven. Geduld ist nicht ihre stärkste Seite. Aber die Schatten in ihrer Nachtseele überwiegen nicht. Zwillinge-Ziegen arbeiten stets an sich, um ihren Ruf zu rechtfertigen, man könne mit ihnen prächtig auskommen.

Krebs-Ziegen

(22. Juni bis 22. Juli)

Der kleinste Vorwurf kann Krebs-Ziegen umwerfen. Sie nehmen alles viel zu persönlich. Ihre trüben Gedanken, denen sie zeitweilig nachhängen, sollten sie besser verscheuchen. Pessimismus schadet dem guten Gesamtbild, das sich jeder von ihnen macht.

Krebs-Ziegen kennen viele Wenn und Aber. Ihre Entschlußkraft geht nicht über ein erträgliches Mittelmaß hinaus. Vieles sehen sie zu kritisch. Im Beruf bringt das nicht immer Vorteile mit sich, zumal niemand gern – noch so berechtigte – Kritik über sich selbst hört, die Krebs-Ziegen jederzeit freimütig äußern.

Trotzdem finden sie immer jemanden, der auf ihrer Kritik aufbaut und das Lob für sich einsteckt. Krebs-Ziegen lassen zu oft anderen die Lorbeeren, die ihnen eigentlich gebühren. Es fehlt ihnen die Kraft, sich zur Not mit den Ellenbogen durchzuboxen.

Verschweigen wir es nicht: Gerade ihr zurückhaltendes Wesen findet auch Anklang. Als Kollegen sind sie beliebt, weil sie hilfsbereit sind und stets guten Rat wissen. Chefs werden auf sie aufmerksam, weil sie sich selbstlos für das Betriebswohl einsetzen können. Und dann werden sie ausgenutzt.

In der Liebe sind Krebs-Ziegen stets bei der Sache. Sie brauchen ein gepflegtes Heim, noch mehr die gleichberechtigte Partnerschaft. Sie würden wie ein Primelchen eingehen, wenn zur Liebe nicht auch die gegenseitige Achtung käme. Krebs-Ziegen binden sich nur auf freiwilliger Basis.

Das sollten Frauen von Krebs-Ziege-Männern bedenken, ehe sie sich mit ihnen einlassen, sonst stehen sie möglicherweise schon kurz nach der Hochzeit vor den Scherben einer selbst zertrümmerten Ehe. Krebs-Ziege-Männer brauchen mehr Pflege als andere Ehemänner, dafür geben sie auch mehr Liebe. Ihre Schelte ist nie böse gemeint, man sollte sie reden lassen und insgeheim Besserung schwören; denn es ist immer etwas Wahres an der Kritik von Krebs-Ziegen.

Die Frauen aus diesem Zeichen sind noch liebenswerter als ihre männlichen Artgenossen. Nur wer sie nicht richtig hält, dem kommen sie abhanden. Sie setzen ein enges Verhältnis oft in Zweifel, was aber nicht ausschließt, daß sie über die goldene Hochzeit hinaus treu daran festhalten. Und nicht erst bei solch seltenem Jubiläum stellen ihre Ehemänner fest, daß sie sich glücklich schätzen können, solche goldige Krebs-Ziege für sich gewonnen zu haben.

Löwe-Ziegen

(23. Juli bis 23. August)

Von allen Ziegen sind die unter dem Löwe-Zeichen geborenen die erfolgreichsten. Sie haben nur das eine Ziel, und das liegt oben. Ihr egozentrisches Wesen ist oft gespielt. Was sich da hinter herrschsüchtigem Wesen und aggressivem Tonfall versteckt, ist im Privatleben ein umgänglicher Mensch, der im Beruf einen Löwenmut beweisen muß, weil sonst einige Eigenschaften, die von der Ziege hervorgekehrt würden, einer steilen Karriere im Wege stehen könnten.

Es gelingt den Löwe-Ziegen gut, Minderwertigkeitskomplexe zu überspielen. Sie gehen gleich zur Sache, wenn es um etwas geht. Ihr Stolz ist nicht zu brechen. Löwe-Ziegen schlagen gleich zurück, wenn sie angegriffen werden. Dabei bleiben sie in jeder Weise fair und üben gegebenenfalls, wenn es sie nichts kostet, sogar Selbstkritik.

Sie haben viel Humor, aber man hüte sich, den Leu zu necken. Spaß können sie viel vertragen, nur wenn's um die eigene Person geht, reagieren sie empfindlich. Löwe-Ziegen stecken voller Widersprüche; schlau kann man erst aus ihnen werden, wenn man den sprichwörtlichen Scheffel Salz mit ihnen gegessen hat. Aber dann ist man meist längst als treuer Vasall von ihnen vereinnahmt.

Auch im privaten Bereich wollen Löwe-Ziegen das Sagen haben. Sie decken um den totalen Herrschaftsanspruch das Mäntelchen sanfter Einfühlungsgabe. Löwe-Ziegen lernen schon früh erlesene Sexspielereien, die jedem Partner, wenn er kein Stockfisch ist, auf Anhieb gefallen werden. Sie lieben den Dialog zu zweit, der Liebende immer näher zusammenrücken läßt.

Männer aus diesem Mischzeichen können tiefe Gefühle lange verbergen. Schließlich will man sich nichts vergeben. Sie flirten gern, aber schürfen nicht tief. Was für viele heiratsfähige Damen oberflächliche Konversation ist, gilt für den Löwe-Ziege-Mann als vorausschauender Test. Gerade im belanglosen Gespräch glauben sie Frauen durchschauen zu können. Meistens haben sie Glück und finden tatsächlich jene, die zu ihnen paßt – Bedingung: Sie müßte zu dem Herrlichen ein wenig aufschauen, ihm ihre Liebe auch in kleinsten Details beweisen.

Löwe-Ziege-Frauen haben es oft schwerer als andere im Tierkreis. Wenn sie ihr Herz verschenken, vertuschen sie das Gefühl hinter gunstvoller Huldbezeugung. Nur der endlich Erwählte soll sie schwach werden sehen. Auch Löwe-Ziege-Frauen haben ihren Stolz, der Teil eines komplexbeladenen Gemütes ist.

Jungfrau-Ziegen

(24. August bis 23. September)

Vormachen lassen sich die intelligenten Jungfrau-Ziegen nichts. Wenn's mal nicht so recht klappt, wie sie es gern hätten, neigen sie zur Melancholie. Werden sie enttäuscht, ziehen sie sich schmollend zurück und lassen im stillen Kämmerlein das Köpfchen hängen.

Nach außen hin merkt man den Jungfrau-Ziegen Kummer nicht an. So kommt niemand dahinter, welch weiches Herz sie in Wirklichkeit haben. Um den Lebenskampf zu bestehen, braucht man Beharrungsvermögen und Zuverlässigkeit. Beides wird von der Jungfrau geliefert. Mut gehört nicht dazu, außer Wankelmut, den die Ziege beisteuert.

Im Beruf setzen sich Jungfrau-Ziegen in raffinierter Weise durch. Sie okkupieren von anderen die guten Ideen und erweitern sie mit viel Verstand zu eigenen durchführungsreifen Plänen. Die Arbeit überlassen sie gern den anderen. Wenn es darauf ankommt, können sie aber mehr Einsatz zeigen als alle zusammen.

Jungfrau-Ziegen haben viele Freunde. Sie sind in Maßen großzügig und helfen gern, wenn es nicht allzuviel Zeit oder Geld kostet. Auf Partys sind sie die stillen Beobachter. Ihrer Kritiksucht entgeht keiner. Für Gespräche hinter hohler Hand sind sie ebenso zu haben wie für den Klatsch der großen weiten Welt.

Die Männer aus diesem Zeichen können rücksichtslos sein. In der Liebe sind sie besitzergreifend. Wie gut, daß hier der Ziege einfühlsame Zärtlichkeit dominiert, sonst würde manche Heißgeliebte nach den ersten Tagen schon auf- und davonlaufen. Hat sie sich erstmal an die Jungfrau-Ziege gewöhnt, wird sie gestehen müssen, daß es keinen fürsorglicheren Mann gibt.

Wenn Frauen dieses Mischtyps heiraten, verstehen sie sich als Lämmchen, das auf dem Altar der Liebe geopfert wird. Aber gleich nach dem Jawort wird mit der Umerziehung des Göttergatten begonnen. Junggesellen-Allüren werden ausgetrieben, die tätige Hilfe im Haushalt als Liebesbeweis gewertet. Im Wirtschaftsbuch wird auch das Taschengeld des Mannes verbucht. Nur Ehemänner von Jungfrau-Ziege-Damen wissen, warum sie vor soviel Geschäftigkeit noch nicht wegliefen. Es ist die stete sinnliche Hingabe, die Ziegen-Jungfrauen so liebenswert macht und alles negative Drum und Dran vergessen läßt.

Jungfrau-Ziegen halten das Geld zusammen. Sie verkneifen sich manches, was sie ihren Kindern oder dem Partner doppelt und dreifach zustecken. Womit wir beim schönsten Zug einer Jungfrau-Ziege angelangt sind: bei ihrer Bescheidenheit.

Waage-Ziegen

(24. September bis 23. Oktober)

Waage-Ziegen sind rechte Genießer, die sich in Küche und Keller vortrefflich auskennen, aber auch die anderen Freuden dieser Welt nicht verachten. Ihr Gerechtigkeitssinn läßt sie manchmal Purzelbäume schlagen und weit übers Ziel hinausschießen. Sie sind Tüftler, die aus ihren Hobbys leicht lukrative Berufe machen könnten.

Fangen wir gleich mit dem Negativen an: Waage-Ziegen bedenken zuviel, bevor sie handeln. Dadurch schwimmen ihnen oft die schönsten Felle weg. Obwohl sie in jedem Beruf Hervorragendes leisten können, wagen sie sich an ganz große Sachen oder Positionen nicht gern heran. Ihre Selbstkritik macht das eigene Können nieder. Wenn sie jemanden haben, der ihnen Mut zuspricht, springen sie eher mal über den eigenen Schatten. Lob spornt sie an.

Zum Geld haben sie nicht immer die besten Beziehungen, obwohl sie sich durch allerlei Nebenbeschäftigungen oder Schwarzarbeit einiges hinzuverdienen; das jedoch geht für die eigenen geheimen Bedürfnisse restlos drauf. Waage-Ziegen kleiden sich gern nach der letzten Mode, und das kommt nun mal teuer.

Männer dieses Mischtyps finden immer jemanden, der zu ihnen paßt – am Stammtisch, aber auch fürs Herz, das weit und groß ist und in dem oft auch gleich zwei auf einmal Platz haben. Ihr Charme ist bezwingend, ihre Notlügen könnten mehrere Bände füllen, die man wegen ihres literarisch wertvollen Inhalts in Leder binden sollte.

Ihre Ehetauglichkeit beweisen sie an der Seite verständnisvoller Frauen, die ihrem Waage-Ziege-Mann auch mal verzeihen können. Großzügigkeit bringt sie am ehesten von Junggesellen-Manieren ab. Für ihre Familie stehen sie ein mit allem, was sie haben. Nur ein kleines Schmuhgeld behalten sie stets für sich zurück, auch wenn sie deshalb der Hausfrau das Wirtschaftsgeld kürzen müßten.

Die Frauen unter den Waage-Ziegen sind sehr direkt, weshalb sie ab und zu einmal anecken. Männer nehmen ihnen das weiter nicht übel. Wenn sie an die vielen weiblichen Vorzüge der Waage-Ziege-Damen denken, möchten sie gleich zum Sturmangriff antreten. Sagen wir es gleich: allzu stürmischer Angriffsschwung wird die Festung kaum knacken, eher feinsinnige Diskussionen um die Liebe solala. Das Solala läßt sie auch dem Ehemann treu ergeben bleiben.

Alle Waage-Ziegen wollen ein bißchen hofiert werden. Denken Sie daran, wenn Sie einer begegnen.

Skorpion-Ziegen

(24. Oktober bis 22. November)

Wer sich den Skorpion-Ziegen entgegenstellt, wird aufgespießt oder mit dem Giftstachel erledigt. Ihr Angriffsschwung ist kaum zu bremsen; in die Verteidigung gehen sie höchstens, um die nächste Sturmwelle vorzubereiten, die den Gegner überrollen wird.

Wer diese Skorpion-Ziegen gelassen und heiter einherschreiten sieht, wird kaum hinter ihnen den tätigen Vulkan vermuten, der Feuer und Lava speit. Man mag sie sogar recht gern unter Kollegen, weil sie stets ein paar Witze parat haben, über die man lachen kann. Diese reizenden Menschen sollte man nur nicht reizen, dann bleiben sie friedlich bis zu ihrer Pensionierung und darüber hinaus.

In mancher Skorpion-Ziege bricht die Angriffslust nie hervor, weil sie in zufriedenstellenden Verhältnissen lebt, weil sie einen Beruf erwählte, der ihr liegt und den sie ausfüllt, in dem sie vor allem nie enttäuscht wird; denn Enttäuschungen vergißt sie nie. Ihre Begabung läßt sie leicht den einen oder anderen überflügeln. Auf das Glück vertraut sie nicht, eher aufs eigene Können.

Skorpion-Ziege-Männer sind geradeheraus. Ihre Wahrheitsliebe kann verletzen. Wen sie leiden können, dem sagen sie es, auch wenn er es nicht hören will. Auf solch direkte Art steuern sie auch die große Liebe an. Sie sind nicht enttäuscht, wenn sich diese als nichtssagender Flirt entpuppt. Skorpion-Ziege-Männer sind hart im Nehmen. Wird ihre Liebe erwidert, können sie sanft und zärtlich sein, was man diesen nach außen so beherrschten Herren gar nicht zugetraut hätte.

Diese Sternenmischlinge verlangen von ihren Frauen unbedingte Treue. Nach der Hochzeit ist man unveräußerliches Eigentum. Netter Zug von ihnen: Sie bleiben in der Ehe, auch wenn's schwerfällt, Kavaliere. Mancher alte Ehekrüppel könnte sie sich zum Vorbild nehmen. Wenn sie nur toleranter und nicht so nachtragend wären...

Bei der Skorpion-Ziege-Frau haben klapprige Männlein keine Chance. Sie sucht den Beschützer mit der Figur des Adonis und dem Wissen eines Nobelpreisträgers. Man ist sehr anspruchsvoll, gibt sich aber meist mit weniger zufrieden. Auch sie übernimmt den Partner in ihren Besitz, den sie mit Argusaugen bewacht. Bei allen zärtlichen Gefühlen, die sie zu geben bereit ist, schwelt in der Nachtseele der Skorpion-Ziege-Frau immer etwas Eifersucht. Männer sollten sich hüten, sie herauszufordern, zu leicht wird dann die Skorpion-Ziege zur Hyäne...

Schütze-Ziegen

(23. November bis 21. Dezember)

Bei den Schütze-Ziegen ist der Vorwärtsgang des Schützen mit dem zeitweiligen Rückwärtsgang der Ziege gekoppelt. An der motorischen Kraft liegt es kaum, wenn sie manchmal den Mut verlieren. Sie sollten sich möglichst schnell jemanden nehmen, der ihre Gangschaltung in Ordnung bringt. Sonst fahren sie noch in den Graben.

Nicht, daß Schütze-Ziegen im Beruf keine Leistung bringen könnten. Sie sind nur in ihrer Entschlußkraft etwas gehemmt, wenn es darauf ankommt, eine sichere Stellung mit niedrigeren Bezügen gegen eine Anstellung auf Probe mit besserem Gehalt einzutauschen. Hier überwiegt zu leicht der Ziege zauderndes Wägen des Schützen fröhliches Wagen. Ein zuverlässiger Partner kann ihnen den Rücken stärken und sie Stufe um Stufe auf der Erfolgsleiter steigen lassen.

Verständlich, daß die Schützen unter der Ziege früher heiraten als ihre Schützenbrüder. Sie haben mehr Sinn für die Familie und bringen auch sehr viel guten Willen mit, den Partner glücklich zu machen. Sie sprechen frei und offen mit ihm, wenn ihnen etwas nicht paßt. Kritik ist bei ihnen in jedem Fall konstruktiv.

Die Männer aus diesem Mischzeichen sind keine Draufgängertypen. Sie wickeln das Ziel ihrer Wünsche mit sanfter Stimme ein und nehmen es als Geschenkpäckchen gleich mit nach Hause. Sie verführen die Frauen, ehe diese das Schütze-Ziege-Spiel durchschauen. Mancher Mann mag da vor Neid erblassen: Wie machen die das bloß?

Schütze-Ziege-Männer brauchen kein Betthäschen, sie nehmen sich – wie wir weiter oben gesehen haben – am besten die Frau, die ihnen Mut macht, die Individualistin, die immer ahnt, wo ihre Schütze-Ziege der Schuh drückt, und rechtzeitig passende Einlagen besorgt.

Die Frauen aus diesem Zeichen haben viel für Kavaliere alter Schule übrig. Sie wollen auf Händen getragen werden von einem starken Mann. Sie schwärmen nicht unbedingt von jungem Gemüse. Schütze-Ziege-Frauen sind oft sportliche Typen, die ein Leben lang rank und schlank bleiben und selbst in der besten Ehe keinen Speck ansetzen. An ihrer Seite bekommt man keine Langeweile; da werden müde Männer aufgemöbelt und zum täglichen Fitness-Training animiert.

Schütze-Ziegen kann man zu nichts zwingen, aus Liebe tun sie aber freiwillig gern alles, um den Partner zufriedenzustellen. Man muß sie gern haben, was die wachsende Zahl ihrer Freunde beweist. Schütze-Ziegen können niemandem etwas zuleide tun. Sie haben das Herz auf dem rechten Fleck.

Steinbock-Ziegen

(22. Dezember bis 20. Januar)

Mit reger Phantasie meistern Steinbock-Ziegen ihr Leben. Niemand kann besser improvisieren als sie. Überall kennen sie den Ausweg, der aus einer vertrackten Lage doch noch zum Erfolg führt. Man sieht schon: Diese Ziegen setzen sich besser durch als andere.

Natürlich sind auch den Steinbock-Ziegen vom Können her Grenzen gesetzt, zumal sie nicht allzu ausdauernd sind. Aber mit ihrer Erfindungsgabe machen sie schließlich alles wieder wett. Ihr Verstandesapparat ist computerhaft gesteuert und setzt immer dort ein, wo die Schwierigkeiten anfangen könnten.

Daß Steinbock-Ziegen bei solcher Anlage nicht um ihr Vorwärtskommen zu fürchten brauchen, ist selbstverständlich. Sie haben viele Neider unter den Kollegen, weshalb sie sich vom Gros meist etwas zurückhalten. Sie beobachten aber im Stillen jeden Handgriff der Konkurrenz und schlagen zu, wenn sie Schwächen sehen.

Im privaten Bereich ist der Beruf für sie tabu. Kaum eine Steinbock-Ziege fachsimpelt noch nach Ladenschluß. Sie will endlich ihre Ruhe haben und Kraft für den nächsten schweren Arbeitstag tanken. Viele Steinbock-Ziegen bilden sich abends zur Entspannung mit Hilfe großer dicker Bücher weiter und haben kaum freie Zeit für Amüsements. Was heißen will: Die Liebe kommt zu kurz.

Die ist sowieso ein Kapitel für sich. Zwar können Steinbock-Ziegen charmant und ausgesprochen nett sein, aber ehe man sie näher kennenlernt, vergeht eine Menge Zeit, in der man leicht andere Kontaktpersonen findet. Hier gerät die kritische Beobachtungsgabe der Steinbock-Ziege unter einen negativen Aspekt: Wer gar zu lange wägt, muß am Ende sehen, was für ihn übrig bleibt.

Steinbock-Ziege-Männer begnügen sich darum oft mit einfachen, herzigen Mädchen, die ihnen den Haushalt führen und die Klamotten perfekt in Ordnung halten. Die sparsame Hausfrau ist ihnen lieber als das Playgirl mit den hohen Ansprüchen. Überdies kommt sie billiger. Steinbock-Ziegen sehen aufs Geld. In solcher Verbindung ist nichts Himmelhochjauchzendes. Der Zweck heiligt die Mittel. Man versteht sich und ist zufrieden.

Frauen aus diesem Zeichen sind anschmiegsam und schon von daher eher zu hautnahen Kontakten bereit als ihre männlichen Artgenossen. Sie stellen an die Person ihres zukünftigen Partners auch höhere Anforderungen die viele Aspiranten nicht erfüllen können. Nur darum kommt es vor, daß Steinbock-Ziege-Frauen mal allein bleiben.

Wassermann-Ziegen

(21. Januar bis 19. Februar)

Auf jeden, der sie kennenlernt, hinterlassen Wassermann-Ziegen einen nachhaltigen Eindruck – zum einen durch ihre Liebenswürdigkeit, zum anderen durch ihre hochherrschaftlichen Launen.

Wassermann-Ziegen haben viele Geheimnisse, die sie zu den rätselhaften Leuten im Tierkreis stempeln. Manch einer möchte meinen, sie hielten stets hinterm Berge, um damit Komplexe zu verstecken, die sie ins schiefe Licht bringen könnten. Die überdurchschnittliche Intelligenz der Wassermann-Ziegen gibt in diesem Fall die passende Antwort: Von Komplexen keine Spur, nur ein wenig Labilität ist vorhanden.

Beruflich brauchen sie sich vor keinem Konkurrenten zu fürchten. Ihr Wissen ist geschult. An Fleiß fehlt es auch nicht. Sie zählen zu den zuverlässigsten Mitarbeitern, die man sich wünschen kann. An jede Sache gehen sie kritisch heran und prüfen, bevor sie sich entscheiden. Das macht sie anderen überlegen.

Im Privatleben sind sie ebenfalls sehr kritisch, jedoch wird hier, was sie für gerechtfertigte Kritik halten, vielfach als üble Meckerei empfunden. Deshalb wollen Leute, die durchaus freundschaftlich den Wassermann-Ziegen gegenüberstanden, möglicherweise nichts mehr mit ihnen zu tun haben. Es läge an den Mischtypen aus dem Wassermann-Ziege-Zeichen, sich zu entschuldigen. Aber das verbietet ihnen ihr dummer Stolz.

Und nur darum ging schon so manches Verhältnis in die Brüche, das mit Liebe begann. Wassermann-Ziegen zitieren dazu meist die klassische Weisheit, man könne eben nicht gegen die eigene Natur an, und suchen sich Partner, die weniger zimperlich reagieren.

Wassermann-Ziege-Frauen finden davon jede Menge. Das Geheimnisvolle in ihrem Wesen macht die Männer neugierig. Sie versuchen es zu ergründen und werden noch vor des Rätsels Lösung durch das Jawort verpflichtet. So bleibt das Unergründliche erhalten und bietet ein Leben lang reiche Unterhaltung, ein kleiner Krach zwischendurch ebenso. Langweilig wird's an der Seite solch launiger Frauen nie.

Mit Liebenswürdigkeit und Charme fangen Wassermann-Ziege-Männer ihre Gunstobjekte ein. Sie verstehen etwas von Sex und Streichelkünsten. Ihre Launen treiben sie zum Bäumchen-wechsle-dich-Spiel, besagte Kritikasterei vertreibt ihnen manchmal die schicksten Bienen. Aber irgendwann bleibt auch der aus dem Wassermann-Ziege-Zeichen hängen: Das Alleinsein liegt ihm nicht.

Fische-Ziegen

(20. Februar bis 20. März)

Künstler-Typen mit allen Vor- und Nachteilen sind die lebenslustigen Fische-Ziegen. Himmelhochjauchzend spinnen sie großartige Pläne, um zu Tode betrübt feststellen zu müssen, daß die Praxis ganz anders aussieht.
Fische-Ziegen müßten beizeiten jemanden finden, der ihre Talente in die richtige Bahn lenkt. Das dürfte aber nur unmerkbar geschehen, denn zu leicht empfinden Fische-Ziegen Förderung als Bevormundung, die sie auf den Tod nicht ausstehen können. So ging schon mancher Ziege unterm Fisch die größte Chance flöten.
Man sollte nicht so hart mit den Fische-Ziegen umgehen und es immer wieder mit ihnen versuchen. Beharrlichkeit führt bei ihnen zu der Erkenntnis, daß man es gut mit ihnen meint. Wer bei ihnen Geduld aufbringt, kommt zum Ziel.
Viele Fische-Ziegen haben einen untrüglichen Blick für die Zukunft. Vor allem mit Schwarzseherei haben sie meist recht. Das läßt sie zu unverbesserlichen Pessimisten werden, wenn sie nicht rechtzeitig einen Menschen finden, der sie eine fröhliche Weltanschauung lehrt.
Fische-Ziege-Männer brauchen die Frau, die ihnen das Lachen beibringt, die sie unmerklich von der übersinnlichen Gabe dunkler Zukunftsdeutung befreit durch einen Optimismus, der ansteckend wirkt. Als labile Typen lassen sich Fische-Ziege-Männer gern zum Guten bekehren.
Es ist erstaunlich, wie viele Fische-Ziege-Männer Frauen mit psychologischem Fingerspitzengefühl finden, das solche Bekehrung erst ermöglicht. Wahrscheinlich kommt das auch ein bißchen von dem unsagbaren Glück, das sie im Spiel haben. Schon mancher Fische-Ziege-Mann gewann neben der richtigen Herzenspartnerin auch eine Stange Geld, mit der es sich zu zweit in Freuden leben läßt.
Gleich zwei Tränenkrüglein braucht die Fische-Ziege-Frau. In das eine vergießt sie bittere Zähren über ihre eigene Unentschlossenheit, in das andere solche über die verflixten Männer, deren Zudringlichkeit sie sich kaum erwehren kann. Dabei ist sie selbst an dem Dilemma schuld: Ihr unschuldsvoll-melancholischer Augenaufschlag macht die Männer verrückt. Playboys gibt's en masse, die solchen Ziege-Fisch mit Haut und Gräten verspeisen wollen. Was die Fische-Ziege-Frau jedoch braucht, ist ein Mann, der sie zärtlich bei der Hand nimmt, in ein festes Verhältnis führt und ein Leben lang für Aufheiterung sorgt. Er wird seinen Entschluß nie bereuen.

猴

Der wendige Affe

vom Widder bis zu den Fischen

Sind Sie nach der chinesischen Astrologie unter dem Zeichen des Affen zur Welt gekommen? Dann müßten Sie in einem der nachstehend aufgeführten Jahre des Affen geboren worden sein:

29.1.1884–14.2.1885
14.2.1896– 1.2.1897
2.2.1908–21.1.1909
21.1.1920– 7.2.1921
7.2.1932–25.1.1933
26.1.1944–12.2.1945
12.2.1956–30.1.1957
30.1.1968–16.2.1969

Widder-Affen

(21. März bis 20. April)

Widder-Affen treten meist lärmend auf. Sie versuchen ihre Umwelt einzuschüchtern. Mit ihrer Energie können sie Berge versetzen. Man mag sich fragen, wozu solche Kraftanstrengung nützt. Und überhaupt – paßten die Berge vor dem Widder-Affen-Gewaltakt nicht viel besser in die Landschaft?

Widder-Affen müssen oft erkennen, daß sie ihre Kraft umsonst vergeudeten. Sie beginnen viel, sind aber nicht sehr ausdauernd. Im Beruf wechseln sie oft. Lange kann man sie nicht ertragen und lobt sie weg. Auf so raffinierte Weise gelangen Widder-Affen zur Spitze, von der man sie kaum mehr vertreiben kann.

Ihr Kraftmeiertum läßt sie Freunde um sich scharen, die sich an der Widder-Affen Seite in Sicherheit wiegen. Sie sollten nicht zu sehr auf deren Schutz vertrauen. Bei Widder-Affen siegt am Ende meist nicht das freundschaftliche Gefühl, sondern die ertragreiche Nützlichkeit.

Gerade so robuste Menschen wie die unter dem Widder-Affe-Zeichen geborenen sind anfälliger als manche andere mit weniger Kraft. Sie übernehmen sich leichter, weil sie sich überschätzen. Das ist der Grund für gelegentliche Pleiten, die Widder-Affen widerfahren.

Ihr sprunghaftes Wesen läßt sie im intimen Bereich nicht so schnell Wurzeln schlagen. Die Liebe auf den ersten Blick heißt für Widder-Affen, die Katze im Sack kaufen.

Bevor sich Männer aus diesem Zeichen ins Ehejoch begeben, sondieren sie erst. Die eine hat Geld, aber krumme Beine, die andere von der Loren die Figur, doch wenig im Hirnkastel, die dritte ist klug und versteht vom Kochen nichts. Die Wahl fällt schwer. Am Ende nimmt sich der Widder-Affe-Mann eine, die von allen dreien jeweils die Hälfte hat. Man bescheidet sich und ist dabei exzellent bedient.

Man muß es den Widder-Affe-Männern lassen: Sie können eine Frau glücklich machen. Sie haben Humor, sie haben Esprit. Tiefschürfende Betrachtungen erwarte man nicht von ihnen, dafür viel Liebeskunst.

Geselligkeit mögen Widder-Affe-Frauen über alles. Um sie herum muß Betrieb sein, dann fühlen sie sich wohl. Obwohl sie nicht immer die besten Hausfrauen sind, bewirten sie ihre Gäste mit allem, was Küche und Keller zu bieten haben (was macht's, wenn die Suppe versalzen ist?!). Müde Männer sind ihnen ein Greuel. Sie sind sexy genug, um jeden Mann zu verführen. Der Gatte mag's bedenken und seine Widder-Äffin täglich neu für sich erobern.

Stier-Affen

(21. April bis 20. Mai)

Sie haben den sechsten Sinn für Geld und feste Werte: Stier-Affen sind die Goldkinder des Tierkreises, müssen aber sehr viel arbeiten, ehe sie soviel beisammen haben, wie sie es sich wünschen.
Im Beruf leisten sie Überragendes. Hier kommt zu des Stieres Beständigkeit die frisch-fröhliche Art des Affen, die auch mal etwas wagt, um zum Ziel zu gelangen. Stier-Affen machen sich bei allen Liebkind. Sie sind in jeder Weise zuvorkommend und haben stets gute Laune.
Nur einige wenige bekamen Einblick in die Nachtseele der Stier-Affen, als sie enttäuscht wurden und es aus ihnen mit Naturgewalt hervorbrach. Dann kennen sie sich selbst nicht mehr und können alles niedermachen, was um sie herum ist. Aber solch wildes Aufbrausen ist sehr selten.
Auch im Privatleben behalten Stier-Affen ihr gleichbleibend freundliches Wesen. Obwohl sie manchem aus purem Übermut schon einen Streich spielten, können sie niemandem wehe tun. Gefühl ist bei ihnen alles.
Daß sie bei solch guten Anlagen auch in der Liebe zurechtkommen, ist kaum verwunderlich. Ihre Spritzigkeit und ihr Humor geben den Ausschlag für ihre Chancen im Intimbereich. Nebenbuhler werfen sie spielend aus dem Rennen, wobei sich freilich zeigt, daß sie niemanden neben sich dulden. Partnerschaft versteht sich für sie nicht als Dreiecksverhältnis.
Scheidungen gibt es bei Stier-Affe-Männern so gut wie nie. Erstens kommt bei ihrem Charme sowieso keine Frau auf abwegige Gedanken, und zweitens läßt ihr der Stier-Affe keine Zeit dazu. Selbst nach der Silberhochzeit weiß er noch ein Gesprächsthema, das die Gattin fesseln kann.
Bei Stier-Affe-Frauen ist es ähnlich. Sie kennen keinen Pardon für den Ehemann, der sich mal nebenraus stehlen möchte. Er muß zu Kreuze kriechen. Welcher Schändliche kann vergessen, daß er die perfekteste Gattin von allen geheiratet hat, die einfach alles kann: als Köchin oder Haushaltssparminister, als Kinderbetreuerin oder als Teilhaberin im gemeinsamen Geschäft. Solche Prachtfrau kann man nicht betrügen; überdies kommt sie jedem auf die Schliche.
Stier-Affen, Frau oder Mann, sind liebenswert und können niemandem etwas zuleide tun – außer, man greift sie an. Nicht umsonst ist Stierblut in der Mischung.

Zwillinge-Affen

(21. Mai bis 21. Juni)

Niemand kann sich so in Szene setzen wie die Zwillinge-Affen. Sie sind die geborenen Schauspieler und versuchen, die Bühne des Lebens für sich allein zu gewinnen. Wer könnte gegen ihren Wortreichtum, gegen ihr elegantes Taktieren ankommen?
Zwillinge-Affen wechseln oft die Arbeitsstelle, den Partner und noch mehr ihre Meinung. Dabei verstecken sie ihr unruhiges Ich hinter einer geradezu übersprudelnden Fröhlichkeit, die andere anzustecken vermag.
Wer im Beruf ihr Freund wurde, hat nicht viel davon. Denn kaum kam man das erste Mal privat zusammen, zog der Zwillinge-Affe in eine andere Stadt. Kehrt er nach Jahren vielleicht mal zurück, kennt er den Freund oft nicht mehr: Ein Chef muß Abstand halten zu seinen Untergebenen!
Die Berufswechsel haben für den Zwillinge-Affen ein Gutes – sie lernen die Welt kennen und vermehren ihr Wissen. Mit der Wahrheit nehmen sie es nie zu genau, wenn es darum geht, sich reinzuwaschen von einem Vorwurf. Die Dummen sind immer die anderen.
Die Männer aus diesem Mischzeichen sind Berufscharmeure. Ihr Lächeln nimmt gefangen, ihre Versprechungen klingen wie ein Märchen aus Tausendundeiner Nacht; sie gehen kaum je in Erfüllung. Trotzdem nimmt man einem Zwillinge-Affen nichts übel und glaubt immer wieder seinen sagenhaften Erzählungen.
Natürlich sind die Damen aus dem Zwillinge-Affe-Zeichen ebenso herzerfrischende Typen wie ihre männlichen Artgenossen. Sie spielen mit ihren Freunden und halten sie, wenn es ernst werden sollte, zum Narren. Solche Mädchen kennen sich aus in romantischen Flirts, sie wissen die Männer an der Nase herumzuführen.
Leicht sind sie nicht einzufangen, die Schönen aus dem Zwillinge-Affe-Zeichen, zu erobern schon gar nicht. Sie ergeben sich freiwillig dem, den sie lieben. In der Ehe bleiben sie die fröhliche, stets zu Späßen aufgelegte Frau, an deren Seite auch von der Anlage her träge Ehemänner munter bleiben.
Zwillinge-Affen sind trotz allen Erfolges recht oberflächlich. Es fehlt ihnen die Ausdauer zu ernsthaften Diskussionen. Mit einem Späßchen werden sie dazwischenfunken und hitzige Debatten in witzigen Plausch verwandeln. Ihr Wahlspruch könnte lauten: Gescheit daherreden kann jeder – man muß es vor allem auch sein!

Krebs-Affen

(22. Juni bis 22. Juli)

Krebs-Affen finden viele Freunde, weil sie Herz zeigen und beweisen. Sie haben oft etwas rührend Hilfloses an sich, wissen sich aber mit Witz und Verstand im Lebenskampf zu behaupten. Da sie außerdem ein Gespür für finanzielle Transaktionen haben, geht es ihnen im Leben kaum je schlecht.

Krebs-Affen werden in jedem Beruf glücklich, als Handwerker genauso wie als Kaufmann, als Arbeiter und als Wissenschaftler. Lieblingsberufe sind immer jene, bei denen das meiste Geld für sie herausschaut.

Ihre Beliebtheit kennt keine Grenzen, weshalb man ihnen hilft, wo es nur geht. Krebs-Affen, die nicht weiter wissen, haben immer einen guten Freund, der für sie einspringt und eine verkorkste Lage richtet. Man neidet diesen sonnigen Typen das Weiterkommen nie.

Nur zu oft aber ist bei den Krebs-Affen, was als Gutartigkeit an den Tag gelegt wird, nichts als egoistische Zielstrebigkeit. Sie können die Allgemeinheit ganz prächtig vor ihren Wagen spannen. So gewinnen Politiker ihre Wahlschlachten!

Als Partner sind Krebs-Affen etwas flatterhaft. Sie können sich nicht entscheiden und drücken sich vor der Verantwortung. Männer aus diesem Zeichen verstehen diese Masche besonders gut. Ihre langjährigen Freundinnen berichten davon mit leidvoller Miene und bleiben doch weiter bei ihnen. Was man hat, hat man – weiß man, ob je etwas Besseres als der Krebs-Affe nachkommt? Er ist so lustig und kann so schön schmusen. Er poltert auch mal, aber das klingt nur wie vom Brummbär persönlich.

Wenn ein Verhältnis auseinander ging, war bestimmt nicht der Krebs-Affe-Mann schuld, der so geduldig wie keiner war, bis ihm die vor Ungeduld platzende Freundin schließlich davonlief. Er trauert nicht lange und nimmt sich eine andere. Zum Schluß heiratet er eine dritte, ohne viel nachzudenken. Krebs-Affe-Männer können auch kurzentschlossen sein, was durchaus den Kurzschluß einschließt.

Krebs-Affe-Mädchen kribbelt Sex im Blut. Sie sind von allen Krebs-Geborenen am wenigsten geeignet für Küche und Haushalt. Sie lieben die Freiheit, auch wenn sie längst eingefangen sind. Hier funkt der Affe dem Krebs gehörig dazwischen und funktioniert romantische Gefühle in sexbetonte Freizügigkeit um. Glücklich, wen solche Krebs-Äffin liebt. An ihrer Seite wird sein Leben zu einem Lust-Spiel, in dem sie Hauptrolle und Regie übernehmen wird.

Löwe-Affen

(23. Juli bis 23. August)

Vor nichts scheuen Löwe-Affen zurück. Sie stürzen sich in jedes Abenteuer und fürchten weder Tod noch Teufel. Angst haben eigentlich nur ihre Freunde, daß sich solch Löwe-Affe vor lauter Wagemut alle Glieder brechen könnte.

Ihr Streben nach Ruhm und Ansehen macht vor niemandem halt. Löwe-Affen bieten selbst dem großmächtigsten Chef die Stirn. Sie walzen alles nieder, was sich ihnen entgegenstellen möchte. Ihrem unaufhaltsamen Aufstieg wäre nichts im Wege, wenn sie bei ihrem rasanten Tempo nicht die kleinen Fehler übersehen würden, die ihnen Kopf und Kragen kosten können.

Es ist der Leichtsinn des Affen, der dem königlichen Löwen die schönsten Perlen aus der Krone bricht und den Sternenmischling menschlich erscheinen läßt.

Seine Freunde kennen ihn als den großzügigsten von allen, der die Runden nur so springen läßt. Auch das kommt vom Löwen – der Affe läßt inzwischen beim Wirt anschreiben! Spotten wir nicht: Die Freigebigkeit des Löwe-Affen ist keine Großmannssucht, sondern sehr herzlich und ohne Nebengedanken gemeint. Er wird das berühmte letzte Hemd verschenken, wenn er damit einem Freund aus irgendeiner Notlage helfen kann.

Löwe-Affen brauchen die große Schar ihrer Freunde, um sich selbst zu beweisen, daß man wer ist, daß man nicht nur gefürchtet, sondern auch geliebt wird. Irgendwo in einem Winkel ihres Herzens schwelt halt doch die Angst, eines Tages allein und vergessen den Lebensabend verbringen zu müssen.

In der Liebe sind alle Löwe-Affen besitzergreifend. An sie verteilt man keine Körbe, nur wehmütige Abschiedsbriefe auf Büttenpapier. Männer dieses Typs werden bei aller Weltoffenheit brave Ehemänner, auch wenn sie tagelang auf Abenteuern unterwegs sind. Wer solchen Mann hat, besitzt ihn nie allein.

Löwe-Affe-Männer sind, obwohl sie auch nach der Hochzeit noch sehr umschwärmt werden, durchaus treu, wenn sie Liebe und Treue dafür wiederbekommen und wenn man ihnen nicht widerspricht.

Ähnlich ist es bei den Löwe-Äffinnen. Bis zur Ehe flattern sie von diesem zu jenem und vergeben sich nichts. Mit der Hochzeit machen sie mit allem, was war, Schluß und hoffen auf den Herrn Gemahl und seinen großen Bekanntenkreis. Sie wollen hergezeigt werden und das Leben auch als Ehefrau lachend genießen.

Jungfrau-Affen

(24. August bis 23. September)

Zuverlässiger als die meisten anderen Affen ist der unterm Jungfrau-Zeichen geborene. Er ist mimosenhaft empfindlich und leicht verletzbar. So geartete Menschen sind nicht besonders widerstandsfähig, weshalb sie des öfteren den Hausarzt konsultieren sollten.

Jungfrau-Affen sind sehr schlagfertig. Obwohl ihr Verstandesapparat gut ausgebildet ist, leisten sie mehr in Berufen, wo man Fingerfertigkeit benötigt. Im Handwerklichen sind sie einsame Spitze.

Der Ordnungssinn der Jungfrau bricht auch bei diesem Affen durch. Das wird sie manchmal zu Pedanten stempeln. Wenn es ihnen in einem Betrieb gefällt, können sie dort bis ins Pensionierungsalter bleiben. Jungfrau-Affen sind anhänglich und treu, wenn man dafür Gegenleistungen erbringt.

Sie sind auch in Grenzen sparsam. Wenn sie aber die Laune packt, können sie sehr großzügig, ja sogar verschwenderisch sein. Viele kannten den Jungfrau-Affen als geizigen Menschen, bis sie von ihm eingeladen wurden und nur so staunten, wieviel er sich diese Einladung kosten ließ.

Auch im Privatleben sind Jungfrau-Affen verträglich, aber manchmal sehr launenhaft. Sie können aus übersprudelnder Freude von einer Minute zur anderen in tiefe Traurigkeit verfallen. Ihr Schweigen ist beredtes Zeichen für die Ruhe vor dem Sturm.

Von allen Affen sind die unter der Jungfrau am leichtesten zu zähmen. Sie sind sogar sehr häuslich. Die Kaltschnäuzigkeit, die sie im Berufsleben zeigen, ist im engen Freundeskreis wie weggeblasen. Bei solchen Anlagen sind sie auch gute Ehepartner. Männer aus dem Jungfrau-Affe-Zeichen geben sich alle Mühe, die Gattin in jeder Weise zufriedenzustellen. Sie können überschwenglich sein und jeden Tag der Teuren Rosen nach Hause mitbringen, urplötzlich aber tagelang die beleidigte Leberwurst spielen, ohne daß man den Grund für solch Verhalten erkennen könnte. In diesem Falle sollte man den Jungfrau-Affen in Ruhe lassen. Er kommt von selber wieder zu sich und ist dann netter als je zuvor.

Frauen aus diesem Mischzeichen werden ordentliche Hausfrauen. Sie haben ähnliche Charaktereigenschaften wie ihr männlicher Artgenosse, die aber noch mehr ins Extreme überzeichnet sind. Ein falsches Wort und sie sind auf hundertachtzig. Rücksichtsvolle Ehemänner nehmen das zur Kenntnis. Die Jungfrau-Äffin dankt's mit aufopferungsvoller Liebe.

Waage-Affen

(24. September bis 23. Oktober)

Die fröhlichsten von allen sind die Waage-Affen. Sie haben den Humor für sich gepachtet und können eine Gesellschaft allein unterhalten. Man mag sie gern von Zeit zu Zeit. Als Dauergäste werden sie lästig.

Waage-Affen arbeiten hart, um sich ein luxuriöses Leben leisten zu können. In einer Hütte, durch die der Wind pfeift, würden sie jämmerlich eingehen. Wo sie arbeiten, muß gutes Betriebsklima herrschen, sonst wechseln sie beizeiten.

Sie können so charmant die Unwahrheit sagen, daß man ihnen nicht böse sein kann. Waage-Affen fabulieren gern; da vermischt sich schon mal Dichtung und Wahrheit. Als Streitschlichter sind sie gesucht, am liebsten geben sie jedem recht, um es mit keinem zu verderben.

Geschniegelt und gebügelt geht für die Waage-Affen die Welt zugrunde. In punkto Mode sind sie die reinsten Lackaffen. Zum grauen Flanell gehört die rote Nelke ins Knopfloch. Schmutz stößt sie ab.

Ihre Freunde suchen die Waage-Affen in den besseren Kreisen oder in denen, die sie dafür halten. Sie lieben die gepflegte Häuslichkeit in fremden Boudoirs. Daheim sieht man sie oft nur zum Schlafen, und das noch nicht einmal.

Es gäbe Gründe genug, um vor der lebenslangen Verbindung mit dem Waage-Affen zu warnen. Allzu häuslich ist er gewiß nicht, aber er hat ein Herz und kann keinem wehe tun. Hier ist der Ansatzpunkt gegeben, es doch einmal mit ihm zu versuchen.

Waage-Affe-Männer mögen die heitere Partnerin, die auch mal Fünf gerade sein läßt, die man herzeigen kann, wenn man mit ihr ausgeht. Wenn genügend Geld für die eigenen Bedürfnisse übrig bleibt, wird auch die Ehefrau à la mode gekleidet. Reicht's nur für den Waage-Affe-Mann, muß sich die Arme bescheiden: Aschenbrödel mag zu Hause bleiben und die Erbsen sortieren, während ihr Prinz die Welt erobert.

Man bedauere Ehefrauen von Waage-Affen nie, sie werden einem die Augen auskratzen, wenn man etwas Schlechtes über den Himmelsmann sagt. Sie wissen um die Schwüre von Liebe und Treue, die jedem Waage-Affe-Mann wie Honig über die Lippen fließen...

Waage-Äffinnen sind treuer, wenn man auf ihre Wünsche nach gehobenem Luxus eingehen kann. Sie verkümmern an der Seite eines Mannes, der ihnen kaum anderes zu bieten hat als nur seine Liebe. Bei ihnen gehört mehr zur Ehe. Und darum heiraten sie oft nicht auf den ersten Blick, sondern auf den sicheren zweiten. Waage-Äffinnen sind anspruchsvoll. Und charmante Eleganz hat nun mal ihren Preis.

Skorpion-Affen

(24. Oktober bis 22. November)

Es heißt, man könne Skorpion-Affen nicht über den Weg trauen. Tatsächlich sind sie zielstrebig und ohne jeden Skrupel, wenn es darauf ankommt, mehr zu erreichen als andere. Hinter ihrer Freundlichkeit steckt der abschätzende Blick, der die Mitmenschen testet.

Meist kommt bei solchen Tests Negatives heraus. Skorpion-Affen sehen erst schwarz und lassen sich hinterher überraschen. Ihre oft himmelstürmenden Pläne beziehen sie nicht in diese Schwarzseherei ein. Wenn's bei der Ausführung hapert, sind sowieso die anderen schuld. Was ihnen sogar geglaubt wird...

Arbeitsam sind Skorpion-Affen immer dann, wenn Müßiggang auffallen würde. Nur so finden sie Förderer, die ihnen den Weg ebnen. Bei den Kollegen treten sie hier und da ins Fettnäpfchen, was ihre Beliebtheit kaum steigert.

Viele Freunde haben Skorpion-Affen nicht. Die wenigen scharen sie zu einem Schutz- und Trutzbündnis für alle Fälle um sich. Im kleinen Kreis fühlen sie sich wohler als in geschniegelter Gesellschaft. Kegelklubs, in denen es deftig zugeht, wären auf jeden Fall bevorzugt. Skorpion-Affen können lärmend fröhlich sein und dabei ihren Spott mit den anderen treiben.

Allenthalben werden Skorpion-Affe-Männer als feurige Liebhaber geschätzt. Das Liebesfeuer müßte sie auch zu geschätzten Ehemännern machen. Leider sind sie es nicht in jedem Fall. Es liegt an der Nachtseele des Skorpion-Affen, der auf Dauer nie dieselbe Tour reisen kann. Zu leicht springt er von einem Extrem ins andere. Außerdem möchte er die Ehefrau zu seiner Leibeigenen machen, wobei er übersieht, daß die Leibeigenschaft längst abgeschafft ist.

Frauen aus diesem Zeichen sind hingebungsvoll sexy. Mit ihren meist großen Augen suchen sie sich ihre Opfer, die nur zu bereitwillig darauf eingehen. Aber sie verladen sie möglicherweise dann, wenn es gerade am schönsten zu werden versprach. Sie spielen mit den Männern, nicht diese mit ihnen.

In der Ehe kümmert manches dahin, was mit heißer Liebe begann. Immer sind die Ehemänner der Skorpion-Äffinnen daran schuld, weil sie den Herrn spielen wollen und nicht das Spielzeug einer liebenswerten Dame. Sie täten besser daran, den kindlichen Wünschen ihrer Skorpion-Äffin zu willfahren, sonst schleicht sich Langeweile ein. Und die kann tödlich sein. Ist es denn gar so schwer, unter dem Pantoffel eines so herzigen Wesens zu stehen, das so wunderbar lieb sein kann?

Schütze-Affen

(23. November bis 21. Dezember)

Durch Geist und Witz überzeugen Schütze-Affen im Beruf. Sogar die lieben Kollegen sind zunächst von ihnen begeistert, bis sie des Schütze-Affen harte Ellenbogen spüren. Man spielt sich gern in den Vordergrund.

Schütze-Affen lieben die Freiheit über alles. Arbeitsplätze sind für sie Stellungen, in denen man jederzeit kündigen kann. Am liebsten wären sie selbständig. In freien Berufen erzielen sie die höchste Rendite. Ihre Intelligenz befähigt sie absolut zur Führung, in kleinkarierten Verhältnissen verlieren sie den Verstand.

Reisen sind das Hobby aller Schütze-Affen. Wenn sie das Bündel daheim schnüren können, fühlen sie sich wohl. Sie schwärmen nicht nur von Abenteuern, sie erleben sie auch. Schon mancher Schütze-Affe blieb in der Fremde hängen.

Abenteuerlich ist auch ihr Liebesleben, wenn sie nicht gleich den Partner finden, der ihre große Liebe ist. Das beginnt mit harmlosen Flirts, geht über handfeste Liebeleien bis kurz vors Standesamt, fängt dann aber möglicherweise mit harmlosen Flirts wieder von vorne an. Dabei überlappen sich auch mal die Partner. So genau nimmt's der Schütze-Affe nicht.

Trotzdem kann es in der Ehe mit einem Schütze-Affen gut gehen, wenn man ihn nicht zu sehr an die Kandare nimmt, sondern die Zügel ein wenig schleifen läßt. Er braucht das Gefühl, auch in einem festen Verhältnis noch genug Freiheit für seine ganz persönlichen Belange zu haben. Mit Partnern, die das nicht verstehen wollen, ist er meist schnell fertig.

Männer aus dem Schütze-Affe-Zeichen sind flatterhafter als ihre Artgenossinnen. Sie hängen zwar sehr an ihrer Familie, gehen aber eigene Wege, wenn sie der Egoismus packt. Vor Entscheidungen drücken sie sich lange herum. So entschlußfreudig sie im Beruf sind, so sehr zögern sie im Privatleben manches hinaus. Ehefrauen, die sie umerziehen wollen, haben von vorneherein verlorenes Spiel.

Die Schütze-Affe-Frau hat soviel Gesprächsstoff auf Lager wie ein ganzes Kaffeekränzchen. Das Plappermäulchen steht kaum still. Mit dem belanglosen Gerede kann sie auch dem teuren Gatten an die Nerven gehen. Und dann fühlt sie sich unverstanden. Die Schütze-Affe-Frau ist immer von sich und ihren Vorzügen überzeugt; diesen Glauben sollte man ihr lassen und zuhören. Wenn sie müde wird, kann sie so herrlich hilflos sein.

Steinbock-Affen

(22. Dezember bis 20. Januar)

Die Gründlichkeit der Steinbock-Affen wird landein, landaus geschätzt. Sie rasen zwar nicht wie Irrwische durchs Leben, sind aber immer noch schnell genug, um Konkurrenten ein Schnippchen zu schlagen. Sie haben einen hintergründigen Humor. Das Leben meistern sie mit viel Ernst und großem Sachverstand.
Mit Hilfe ihres Verstandes gelingt ihnen im Beruf sehr viel. Sie stehen früher auf als andere und gehen, wenn sie der Ehrgeiz packt, sehr viel später heim. Fürs Geschäft tun sie alles, wenn man sie durch Lob anstachelt.
Manchmal gelangen sie in schlechte Kreise, und es bricht der ungezwungene Leichtsinn des Affen durch. Dann wieder nimmt der Steinbock die Oberhand und zwingt sie zur Einkehr im stillen Kämmerlein. Steinbock-Affen sind ständig zwischen zwei Charakterpolen hin- und hergerissen. Und das nützen übelwollende Menschen aus.
Das Zwiespältige in ihrem Charakter färbt auch auf das Privatleben ab. Man weiß nicht recht, woran man mit den Steinbock-Affen ist. Sie können so kameradschaftlich, offen und ehrlich sein, daß man bereits glaubte, in ihnen die besten Freunde gefunden zu haben. Und schon spielt ihnen ihre Nachtseele einen Streich um den anderen, und der ganze gute Eindruck ist futsch.
Steinbock-Affe-Männer haben es besonders schwer, im intimen Bereich zurechtzukommen. Sie sind bei aller Ausgelassenheit und Föhlichkeit, die sie gegenüber Frauen zur Schau stellen können, oft sehr gehemmt, was sich bis zu regelrechter Verklemmung ausweiten kann. Wenn man zwei so unterschiedliche Tiere im Wappen trägt, kann man kaum etwas anderes erwarten.
Dabei können gerade die Männer aus diesem Mischzeichen prachtvolle Ehemänner sein. Frauen, die schon vor der Ehe genügend Geduld mit ihnen aufbrachten, wissen das. Steinbock-Affen sorgen rührend für die Kinder, und selbst die ehelichen Pflichten erfüllen sie mit großer Begeisterung. Ausdauer ist nur die starke Seite dieses Sternenmischlings, wenn man ihm Mut macht.
Mut braucht auch die Frau aus diesem Zeichen, um über ihre Hemmungen hinwegzukommen, die sie selbst noch in die Ehe mitnimmt. Sie ist mit allem sparsam – mit dem Geld, mit Freundschaftsbezeigungen, vor allem aber mit der Liebe. Tief in ihrem Innersten aber ist eine Menge Gefühl verkapselt, das sie sich für den einen aufhebt, den sie restlos glücklich machen will.

Wassermann-Affen

(21. Januar bis 19. Februar)

Leichtsinn ist beim Wassermann-Affen die Wurzel des Übels. Er kann im Leben alles erreicht haben und in einer Momentslaune vieles wieder in Frage stellen. Unruhiges Blut pulst durch seine Adern, zu gleichen Teilen aus dem Wassermann und dem Affen gemixt. Es treibt ihn zu Unüberlegtheiten, zu Stimmungen, zu totaler Änderung augenblicklicher Verhältnisse.
Im Beruf stehen darum Wassermann-Affen immer auf dem Sprung. Wenn man ihnen nicht genügend Freiheit läßt, werden sie den Betrieb wechseln, wobei sie sogar Gehaltsminderungen in Kauf nehmen. Man wird schon wieder nach oben kommen.
Die innere Unruhe treibt sie zu Bocksprüngen, sie wollen mit dem Kopf durch die Wand. Schaffen sie den Durchbruch, ist ihre Karriere gesichert. Aber meist ist die Wand härter als ein noch so voluminöser Dickkopf.
Wassermann-Affen werden heiß geliebt, aber man hat sie nie lange für sich allein. Hier geht zu oft der Affe mit dem Wassermann durch, der ja bekanntlich auch kein Kind von Traurigkeit ist. In ihr Innerstes lassen sich Wassermann-Affen niemals schauen. Sie umwittern viele Geheimnisse.
Männer aus diesem Zeichen spielen gern den Playboy, für den jedes Mädchen über achtzehn Lustobjekt ist. Sie nippen mal an dieser, mal an jener, aber berauscht macht sie das nicht. Viel zu nüchtern stehen sie der Welt gegenüber. Die blaue Blume der Romantik ist für sie ein Teil jenes Aberglaubens, der auch aus Zeitungshoroskopen spricht. Sturm und Drang beherrscht das Wesen der Wassermann-Affen bis in das fünfte Jahrzehnt hinein, und selbst im sechsten können sie noch sogenannte Dummheiten machen.
Für die Ehe taugen diese Individualisten nur, wenn man sie dazu bekehrt, wenn man ihr gutes Herz zur Liebe erweicht. Von einigen dieser seltenen Typen müßte man freilich Übermenschliches verlangen, wenn sie ins Ehejoch gingen. Am besten, man stellt ihnen eine Falle, in die sie todsicher tappen: Wassermann-Affen sind kinderlieb!
Solange es geht, wollen auch Frauen aus diesem Zeichen frei bleiben. Flatterhaft sind sie nicht, aber doch sehr lebenslustig. Sie wollen erobert werden: Ein ganzer Kerl ist ihr Traumbild, schwächliche Männlein haben bei ihnen nichts zu suchen. Diese Frau ist fürs Feuer, kluge Männer schließen rechtzeitig eine Brandversicherung darauf ab.

Fische-Affen

(20. Februar bis 20. März)

Spielerisch erhalten Fische-Affen feste Werte. Das Glück im Spiel zieht sich durch ihr ganzes Leben. Aber sie vertrauen auch auf ihr eigenes Können, und das darf im allgemeinen von keinem unterschätzt werden. Fische-Affen haben im Beruf Erfolg, wenn sie konditionell auf der Höhe sind. Greifen sie zur Flasche (Übel bei einigen Fische-Affen!), verspielen sie sich die schönsten Hoffnungen. Da sie einsichtig sind, kann man sie immer eines Besseren belehren. Die Spielkinder unter dem Fische-Affen nehmen das Leben leicht. Ihr sonniges Gemüt strahlt viel Optimismus aus, der nur manchmal von der Fische Nachdenklichkeit in Frage gestellt wird. Meist aber ist ihre Fröhlichkeit ansteckend.

Fische-Affen sind Meister der Überredungskunst. Wen sie in der Mangel haben, der wird weich werden, auch wenn es Tage dauern sollte. Fallen, in die sie tappen, werden sie knacken. So leicht kann man den Fische-Affen nicht fangen.

Wer von ihnen geliebt wird, kann sich glücklich schätzen. Fische-Affen sind einfühlsam und verständnisvoll. Des Affen unruhiges Wesen kommt hier kaum zum Zuge.

Männer aus diesem Zeichen sind in vielen Liebesschlachten erprobt, aber wenn sie die eine gefunden haben, stellen sie für alle anderen das Glücksrad still. An ihrer Seite erleben Frauen, was Liebe ist. Sie streicheln und schmeicheln am liebsten den ganzen Tag. Nur gut, wenn sie die teure Gattin daran erinnert, daß der Honigmond zeitweilig unterbrochen werden muß für so nüchterne Tätigkeiten wie Arbeiten und Geldverdienen.

Selten brechen Fische-Affen aus der Ehe aus. Man kann fast garantieren, daß nicht sie, sondern andere der Scheidungsgrund sind. Fische-Affe-Frauen sind ebenso lieb und anhänglich wie ihre männlichen Artgenossen, ein wenig oberflächlich in der Hausarbeit, aber sonst mit seelischem Tiefgang. Sie sind trotzdem nicht das Seelchen, das sich als Betthäschen bewährt. Diese Frauen wissen ganz genau, was sie wollen. Schon manche von ihnen erzog wilde Herren zu braven Ehemännern um.

Lustig geht's bei den Fische-Affen zu. Wenn man mit ihnen lacht, hat man bei ihnen gewonnen. Sie sind leidenschaftliche Vertreter jener Spruchweisheit, daß jeder sich sein Leben selber zimmern müsse, in der Freude wie im Leide. Sie haben die Freude gewählt!

雄

Der stolze Hahn

vom Widder bis zu den Fischen

Sind Sie nach der chinesischen Astrologie unter dem Zeichen des Hahns zur Welt gekommen? Dann müßten Sie in einem der nachstehend aufgeführten Jahre des Hahns geboren worden sein:

15.2.1885– 7.1.1886
2.2.1897–21.1.1898
22.1.1909– 9.2.1910
8.2.1921– 6.2.1922
26.1.1933–13.2.1934
13.2.1945– 1.2.1946
31.1.1957–18.2.1958
17.2.1969– 5.2.1970

Widder-Hähne

(21. März bis 20. April)

Widder-Hähne haben den Hahnenkampf erfunden. Sie streiten für ihr Leben gern. Man sollte ihnen Beruhigungspillen in Form von Liebe und Güte geben, dann sind sie leicht zu haben, können sich auf ihre Arbeit konzentrieren und erreichen viel.
Unterm Hahn bekommt der erdverbundene Widder den letzten Schliff, der ihn für hohe Stellungen prädestiniert. Da wird hart und ausdauernd gearbeitet und manch müder Kollege aus dem Wege geschubst. Leider stehen Widder-Hähne stets in Opposition zu jedweder Obrigkeit, was ihnen von deren Seite kaum überragende Förderung einträgt. Sie passen sich ungern Systemen an. Ihr Stolz ist erhaben über Katzbuckelei. Schmeicheln können sie nicht.
Wenn man es recht betrachtet, sind das alles hervorragende Charaktereigenschaften. Mit etwas mehr Fingerspitzengefühl und mit klugem, diplomatischem Verhalten ließe sich freilich sehr viel mehr erreichen. Aber Widder-Hähne sind nun mal so, sie wollen alles aus sich selbst heraus schaffen und nichts dem Zufall oder gar der Gunst der Stunde überlassen. Verständnisvolle Gönner, die nur nach der Leistung beurteilen, werden ihnen unbemerkt helfen, sich durchzuschlagen.
Auch im Privatleben tun sich Widder-Hähne manchmal schwer. Sie sind zu impulsiv und reagieren oft unberechenbar. Das erhöht die Gefahr von Zwistigkeiten, die vom handfesten Krach bis zum belanglosen Streit um des Kaisers Bart reichen. Dabei sind Widder-Hähne zuvorkommender als manche andere Sternenmischlinge, aber ihre direkte Art läßt sie eher anecken.
Männer aus diesem Zeichen machen auf Frauen einen nachhaltigen Eindruck. So manche spröde Schöne ließ sich von ihnen verführen und kam nicht mehr von den Charmebolzen los. Die sonst so harten Widder-Hähne zerfließen wie Butter an der Sonne, wenn sie verliebt sind. In der Ehe mit diesen energiegeladenen Männern kracht es naturgemäß häufiger als in anderen Verbindungen. Wenn dem nicht so wäre, würde die Widder-Hähne Langeweile befallen, der Tod jeder Liebe.
Auch die Frauen dieses Mischtyps sind streitbar. Sie erobern den Mann ihrer Wahl mit jenen überzeugenden Attributen holder Weiblichkeit, denen noch jeder seit Adam verfiel. Widder-Hahn-Frauen können sich aufopfern für den, den sie lieben. Nur müde Männer und leichtfertige Playboys haben bei ihnen keine Chance.
Fazit: Widder-Hähne sind weit besser, als sie sich manchmal nach außen hin zeigen.

Stier-Hähne

(21. April bis 20. Mai)

Die unterm Stier geborenen Hähne arbeiten noch mehr als ihre kaum arbeitsscheuen Artgenossen. Ihr gleichbleibend freundliches Wesen findet bei Kollegen und Vorgesetzten liebenswürdige Beachtung. Man gönnt ihnen den Aufstieg, und nur Miesmacher werfen ihnen Knüppel zwischen die Beine.

Stier-Hähne meistern alles, was zu bewältigen ist, mit ruhiger Gelassenheit. Sie wissen, was sie wert sind und bestimmen den Preis. Lob allein macht sie nicht glücklich, es müßte auch in klingender Münze etwas dabei herausspringen. Sie haben eine Ader für finanzielle Geschäfte jeder Art, wobei sie bei anderen gern die Preise drücken.

Der Großzügigkeit der Stier-Hähne sind also Grenzen gesetzt, nicht aber ihrer Toleranz. Sie lassen jeden nach seiner Façon selig werden und achten andere Meinungen. Das macht ihnen viel Freunde, für die sie sich jederzeit selbstlos einsetzen.

In der Liebe spielt freilich manchmal die Eifersucht mit, die Alleinrechte beansprucht. Man teilt nicht gern, was man nur für sich besitzen möchte. Trotzdem sind zum Beispiel die Stier-Hahn-Männer am besten von allen Sternenmischlingen für die Ehe geeignet. Sie sind zuverlässige und liebenswerte Partner, Männer, die sich für ihre Familie aufopfern können, wenn das von ihnen verlangt würde. Was Frauen besonders an ihnen schätzen, ist die Tatsache, daß sie Erwerbs- und Eheleben streng voneinander trennen. Nach Feierabend redet man nicht gern von des Tages Mühe und Plagen.

Die Frauen aus diesem Zeichen sind nicht so leicht von männlichen Liebesschwüren zu überzeugen. Sie wollen handfeste Beweise in punkto Treue und Referenzen dafür, daß der Bewerber um ihre Gunst auch eine Familie ernähren kann. Wer nur mit den Worten klingelt, hinter denen nichts steht, wird als Flirt abgeschrieben und aussortiert. So vorprogrammiert sind Ehen mit Stier-Hahn-Frauen nicht sehr anfällig, zumal die liebevoll-mütterliche Art dieser Sternenmischlinge noch ein Übriges dazu beiträgt, daß sich Ehemänner zu Hause pudelwohl fühlen.

Stier-Hähne suchen die Sicherheit in allen Lebensbereichen. Sie lassen sich nicht gern von Schicksalsschlägen überraschen. Treten diese ein, sorgen die eisernen Nerven der Stier-Hähne dafür, daß alles schnell wieder seinen normalen Gang laufen kann. Man muß sie bewundern, mit welcher Ruhe und Übersicht sie das machen.

Zwillinge-Hähne

(21. Mai bis 21. Juni)

Der Zwillinge-Hähne unruhiger Geist schießt manchmal seltsame Purzelbäume. Diese Sternenmischlinge brauchen sehr viel Verständnis und noch mehr Bewunderung. Selbst das heißeste Eisen fassen sie an, aber es ist durchaus möglich, daß sie andere daran die Finger verbrennen lassen.

Zwillinge-Hähne können mit feurigen Reden überzeugen, auch wenn sie mal leeres Stroh dabei dreschen. Tausend Pläne jagen ihnen durch den Kopf. Ihr Ideenreichtum verbürgt für Qualität. Nur mit der Ausführung hapert es. Zwillinge-Hähne beginnen viel, beenden aber wenig. Kaum haben sie bei dem einen angefangen, verlieren sie die Lust daran und nehmen etwas anderes in Angriff.

Es ist das Unstete im Wesen der Zwillinge-Hähne, das ihnen manches verbaut. Trotzdem ist niemand schlecht beraten, wenn er einen dieser Pläneschmiede für sich engagiert – man kann ja die Durchführung bewährten anderen Fachkräften überlassen.

Auch ins Privatleben tragen Zwillinge-Hähne Unruhe. Sie entscheiden sich schnell, werden aber auf Dauer kaum zu der Entscheidung stehen. Natürlich sind sie beliebt, haben viele Freunde, denen der sprühende Witz, die Schlagfertigkeit und die umgängliche Art gefällt. Zwillinge-Hähne wissen, wie man sich auf Gesellschaften bewegen muß.

Nur zu leicht fallen sie auf Schmeichler herein, die ihnen um den Bart gehen. Zwillinge-Hähne mögen, wenn man sie hofiert, und überhören dabei zu oft den falschen Zungenschlag. Mancher ehrliche Freund hatte bei ihnen ausgespielt, weil er ihnen mal die Meinung sagte.

Zwillinge-Hahn-Männer sind leicht zu begeistern, zumal sie Sinn für das Schöne und die Schönen haben. Am Ende suchen sie sich dann doch die Partnerin aus, die außer sehr viel Weiblichkeit auch eine gute Portion nützlicher Hausfrauen-Eigenschaften mitbringt, als da sind Kochen, Nähen, Kindererziehen und gegebenenfalls tatkräftige Mithilfe zur Aufbesserung der gemeinsamen Finanzen, von denen der großzügige Zwillinge-Hahn eine Menge für sich verbraucht.

Stolze Damen wie die Zwillinge-Hahn-Frauen beherrschen alle Nuancen des hochherrschaftlichen Flirts. Mit Brachialgewalt ist da nichts zu machen, viel eher mit geschliffenen Wortspielereien. Der Mann ihrer Wahl muß ihnen geistig überlegen sein, darf es ihnen aber nie zeigen. Zwillinge-Hahn-Frauen beanspruchen das totale Mitspracherecht in der Ehe, wobei die schwachen Stunden ausgeklammert sind, in denen sie so herrlich weiblich sein können.

Krebs-Hähne

(22. Juni bis 22. Juli)

Auch die Krebs-Hähne unterliegen oft den Schmeicheleien falscher Mitmenschen. Sie meinen es immer ehrlich, aber gerade mit dieser absoluten Ehrlichkeit ecken sie am ehesten an. Beleidigt ziehen sie sich dann zurück, worauf man sie als arrogant und anmaßend verschreit. Der Gerechte hat halt viel zu leiden.

Krebs-Hähne setzen sich im Beruf trotz überragenden Könnens oft nicht durch. Sie sind zu stolz, andere auf ihre Fähigkeiten mit gewandter Wortwahl aufmerksam zu machen. Wer sie nicht haben will, der soll es bleiben lassen. Zurückstellung verbiestert sie, was die Kollegen merken werden. Krebs-Hähne können kühl und verbissen ihre Arbeit erledigen, ohne auch nur ein einziges privates Wort zu verschwenden.

Da sie sich auf das Wesentliche konzentieren, kommen sie schnell mit der Arbeit voran. Aber wer glaubt, sie durch langjährige Verträge binden zu können, der kennt nicht jenen Zug in ihrer Nachtseele, der nach Freiheit von jedem Zwang drängt.

Zwänge sind auch im Privatleben verpönt. Feste Freundschaften, die Ausschließlichkeit beanspruchen, können nicht reizen. Krebs-Hähne lassen sich nur an sehr langer Leine führen, wobei sie allerdings stets eine Schere bei sich tragen, um auch diese kappen zu können.

Krebs-Hahn-Frauen sind Prachtexemplare holder Weiblichkeit. Sie ziehen die Männer an wie die Fliegen, aber so mancher zarte Brummer schwirrte vergeblich um sie herum und war schließlich am Boden zerstört. Es ist der Stolz, der die Damen aus diesem Zeichen oft allein bleiben läßt. Dabei wären sie die besten Ehefrauen, weil sie das rechte Gespür für alles haben, was Männer neben Nestwärme und absoluter Treue in der Ehe brauchen.

Bei den Männern aus diesem Mischzeichen ist das anders. Sie brauchen ganz einfach wen, der sie nach einem harten Arbeitstag verwöhnt. Als Kind schon waren sie Mutters Liebling, in der Ehe suchen sie jene Frau, die es der Mutter gleichtun kann. Playgirls haben bei ihnen nichts zu melden. Zu Hause wollen sie ihre Ruhe haben und sich auch nicht in Sachen Sex zu sehr aufregen.

Krebs-Hähnen fällt nichts in den Schoß. Sie müssen – wir sagten es schon – hart arbeiten. Sie brauchen darum mehr Ruhetage als andere. Man sollte sie ihnen gönnen. Ein ausgeruhter Krebs-Hahn ist der netteste Typ unter der Sonne, der sogar für eine Weile seine Launen vergessen kann, wenn er mal Ferien von Ich machte.

Löwe-Hähne

(23. Juli bis 23. August)

Der Weg der Löwe-Hähne führt schnurstracks nach oben, wenn sie verstehen, das Geld zusammenzuhalten und nicht zu viel zu wagen. Aber gerade im Finanziellen unterliegen sie oft ihrer eigenen Großzügigkeit. Und da sie auch den sprichwörtlichen Löwenmut besitzen, stürzen sie sich nur zu gern in gewagte Transaktionen, bei denen am Schluß die Wahrheit des geflügelten Wortes bewiesen wird: Außer Spesen nichts gewesen.

Löwe-Hähne tragen den Kopf höher als ihre Mitmenschen. Man muß ihnen Reverenz erweisen, um mit ihnen ins Gespräch zu kommen. Dabei wird man feststellen, daß sie eigentlich gar nicht hochmütig sind, sondern ganz passable Menschen, mit denen man die berühmten Pferde stehlen kann. Löwe-Hähne kennen keine Falschheit.

Im Beruf beanspruchen sie immer eine führende Position, die ihnen kraft ihrer Energie und ihres Arbeitswillens durchaus zusteht. Unten bleiben sie nur, wenn sie sich von ihrem Ziel ablenken lassen.

Ablenkung verschafft ihnen vor allem die Liebe. Löwe-Hähne können alles um sich herum vergessen, wenn sie den Partner gefunden zu haben glauben, der auf ihre stete Sexbereitschaft anspricht.

Leider wechselt dieser Partner bei den männlichen Löwe-Hähnen des öfteren – sie sind nicht unbedingt treu. Ist das ein Wunder bei soviel Charme? Männer aus diesem Mischzeichen werden in der Liebe oft enttäuscht. Das kommt vor allem daher, daß sie zu hohe Ansprüche ans andere Geschlecht stellen. Sie wollen meist mehr, als sie kriegen können. So versuchen sie viel, um möglicherweise bei jener zu landen, die ihnen die schönsten Schwungfedern raubt. Löwe-Hahn-Männer werden meist von zärtlichen Liebesdienerinnen eingefangen, die es faustdick hinter den Ohren haben.

Auch die Löwe-Hahn-Frau hat Glück in der Liebe. In der Ehe spielt sie die stolze Gesellschafterin ihres Mannes, dem sie es an nichts fehlen läßt. Vom Bäumchen-wechsle-dich-Spiel ihres männlichen Artgenossen hält sie wenig. Sie würde sich etwas vergeben, wenn sie ihren Gatten betrügen würde. Sollte es trotzdem vorkommen, so war dieser das Scheusal.

Löwe-Hähne gehören trotz stolzem Gehabe zu jenen Menschen, denen man Bewunderung und Liebe zollen muß. Sie setzen sich selbstlos für jeden ein, der unverschuldet in Not gerät, selbst wenn sie dabei ein Vermögen verlieren sollten. Muß man ihnen deshalb nicht all die kleinen charakterlichen Unebenheiten verzeihen?

Jungfrau-Hähne

(24. August bis 23. September)

In realen Werten zu denken, liegt den Jungfrau-Hähnen im Blut. Geld ist für sie etwas, das man horten, aber auch zu gegebener Zeit ausgeben kann, um noch mehr Geld daraus zu machen. Mit nüchternem Sachverstand gehen sie an Probleme heran und finden fast immer die einzig praktische Lösung.

Dieses gezielt Verstandesmäßige ist Erbgut der Jungfrau, das durch des Hahns Schönheitssinn und Arbeitskraft aufgemöbelt wurde. Man findet daher Jungfrau-Hähne nicht nur als Finanzberater und kühl rechnende Kaufleute, sondern auch überall dort, wo Kunst und Kunstgewerbe zu Liebhaberpreisen verhökert werden. Da sie das Gespür für alles Lohnende haben, werden sie in allen anderen Berufen ebenfalls heiß begehrt.

Jungfrau-Hähne haben ihren Stolz, der sachlich begründet erscheint: Sie wollen für ihre Leistung gelobt werden, was bei soviel löblichen Anlagen natürlich häufiger geschehen müßte als bei anderen.

Ihre stets zur Schau gestellte Freundlichkeit wirkt auf manchen blasiert und arrogant. Kommt man den Jungfrau-Hähnen näher, weiß man bald, daß dem nicht so ist. Ihre Freundlichkeit kommt von Herzen – aber muß man Herz immer auf dem Präsentierteller tragen?

Jungfrau-Hähne sind zuverlässige Freunde und in Grenzen, die meist von der angeborenen Sparsamkeit gesetzt sind, hilfsbereit. Nur hier und da werden sie Launen zeigen, wenn ihre Gutmütigkeit zu sehr strapaziert wurde. Jungfrau-Hähne brauchen Denkpausen, in denen sie niemand stören sollte. Dann grübeln sie über Gott und die schnöde Welt. Werden sie von Freunden enttäuscht, ziehen sie sich zurück: Jungfrau-Hähne verwinden nie, wenn ihnen ein Leid geschah.

Männer aus diesem Zeichen sind schnell eingeschnappt, regen sich jedoch ebenso schnell wieder ab. Sie sind treue Lebenspartner, finden aber zum weiblichen Geschlecht nicht immer den Kontakt, der ein festes Verhältnis einleitet. Ihre geschäftige Art könnte manches Gunstobjekt abstoßen. Sie reden zuviel von Liebe, wo ein Streicheln mit den Augen genügen würde. Der Grund, warum einige Jungfrau-Hähne nicht heiraten, liegt auf der Hand: In der Ehe ist das Geld halt nur noch die Hälfte wert...

Auch die Frau des Mischtyps scheint kühler als andere Frauen. Sie kehrt im ungeeigneten Augenblick die stolze Dame heraus, wo mädchenhafte Hingabe angebracht wäre. Nur der Mann, den sie liebt, weiß um die verhaltene Glut ihres Herzens, um der Hahnen-Jungfrau Gefühle.

Waage-Hähne

(24. September bis 23. Oktober)

Echte Lebensgenießer sind die Waage-Hähne. Sie werden umworben und schenken ihre Gunst bald diesem und bald jenem. Sie reden viel, am liebsten über sich selbst. Daß läßt sie oberflächlich erscheinen. Waage-Hähne wollen stets das Beste, leider zeigen sie manchmal einen schwachen Willen. Sie werden niemanden bewußt kränken.

Waage-Hähne leisten am meisten in einem Beruf, der ihre diplomatischen Fähigkeiten nutzt. Vielleicht sollten sie etwas mehr Rückgrat zeigen, wenn es darum geht, eigene Pläne durchzusetzen. Nur zu leicht lassen sie sich zum Spielball fremder Meinungen machen, die sie dann etwas verwaschen zu ihren eigenen umpolen.

Viele Waage-Hähne sind echte Künstlertypen, die Empfindungen in Wort und Bild umsetzen können. Aber was nützt ihr Ideenreichtum, wenn sie ihn nicht auch auf eine gesunde geschäftliche Basis stellen? Denn Waage-Hähne haben zum Geld nicht gerade das beste Verhältnis, weshalb manche Pleite unter diesem Zeichen möglich wird.

Im privaten Bereich mag man die Waage-Hähne sehr. Sie kleiden sich gern nach der letzten Mode. Da ist nach außen hin alles geschniegelt und gebügelt: Wie du kommst gegangen, so wirst du empfangen. Weil Waage-Hähne von Hause aus sehr viel Herzlichkeit mitbringen, zählen sie allenthalben zu den lieben Mitmenschen, die man in besseren Kreisen gern herzeigt. Leider verwischt sich dieser gute Eindruck manchmal, weil Waage-Hähne zu oft fremden Einflüsterungen erliegen, die sich in ihrer Meinung dann deutlich widerspiegeln.

Männer aus diesem Zeichen finden leicht Anschluß. Sie beherrschen die Kunst des Anbandelns perfekt. Ihre stolze Haltung wird durch das weiche Herz gemildert, in dem meist Platz für mehr als eine ist. Waage-Hahn-Männer fühlen sich am wohlsten in weiblicher Gesellschaft. Sie werden begünstigt von reichen Witwen, die ihnen neben Herz auch ihr Vermögen anbieten. Nur, weil sie wählerisch sind und gern etwas herzig Junges an ihrer Seite hätten, gehen sie an solch günstigen Gelegenheiten tapfer vorbei. Unterm Waage-Hahn wachsen nicht die treuesten Ehemänner, aber die liebsten.

Und lieb sind auch die Frauen aus diesem Zeichen, herzige Püppchen, die jeden Mannes Herz erwärmen. Die sind so goldig und so fröhlich-frisch, daß man sie einfach lieben muß. Waage-Hahn-Frauen schmücken sich gern und schätzen den Duft eines guten Parfüms. Das kommt Ehemänner nicht zu teuer, wenn sie bedenken, wieviel sie dafür zusätzlich bekommen.

Skorpion-Hähne

(24. Oktober bis 22. November)

Mit Witz und Schlagfertigkeit überzeugen Skorpion-Hähne ihre Umwelt. Was sie sagen hat Hand und Fuß. So leicht sind sie nicht aus dem Gleichgewicht zu bringen. Ihre Köpfe tragen sie sehr hoch, aber ihr Gerechtigkeitssinn läßt auch andere neben sich gelten. Sie sind für friedliche Koexistenz.

Skorpion-Hähne können im Beruf viele Erfolge für sich verbuchen. Ihre Anpassungsfähigkeit an wechselnde Verhältnisse läßt sie selbst konträr Gesinnten angenehm erscheinen. Als echte Leistungsträger wird man sie halten und fördern. Fühlen sie sich ungerecht behandelt, nehmen sie kein Blatt vor den Mund.

Für die Wahrheit gehen Skorpion-Hähne auf die Barrikaden. Sie mögen Falschheit nicht. Auch Unbequemes greifen sie auf, und wenn sie sich dabei selbst in den Finger schneiden. Schon mancher unter ihnen ist durch den eigenen Stachel verwundet worden. Skorpion-Hähne werfen niemals die Flinte ins Korn. Sie bleiben hartnäckig beim Thema. Diskussionen mit ihnen können nicht so einfach abgebrochen werden, wenn es anfängt, ungemütlich zu werden.

Sie wollen nichts geschenkt, sondern alles nur durch eigene Kraft erreichen. Skorpion-Hähne dienen sich nach oben, indem sie immer den geraden Weg wählen. Als Konkurrenten sind sie gefürchtet, aber niemand versagt ihnen die Achtung.

Im zwischenmenschlichen Bereich gehen sie ebenso unbeirrt auf das Ziel ihrer Wünsche zu. Männer aus diesem Zeichen lassen, wenn ihnen ein Mädchen gefällt, nicht locker, bis es ihnen verfällt. Sie sind leidenschaftliche Liebhaber. Wehe aber, man würde sie betrügen!

Skorpion-Hahn-Männer können nicht verzeihen. Wer sie enttäuschte, wird selbst nach der Trennung den Giftstachel spüren, der auch in entlegenen Weltgegenden noch trifft. Dabei ist der Skorpion-Hahn-Mann kein Kind von Traurigkeit. Bevor er sich zum Bund fürs Leben entschließt, probiert er durchaus mal hier und mal dort. Nur wenn er ernst gemacht hat, bleibt er bei dem Versprechen zu nimmermüder Treue und verlangt sie auch von seiner Partnerin.

Skorpion-Hahn-Frauen haben dieselben Grundsätze wie ihre männlichen Artgenossen. An ihnen „verkauft" sich kein Mann. Sie bleiben jugendlich-frisch bis ins hohe Alter. Ihr Sex-Appeal verhext die Männer. Sie haben etwas herzuzeigen – aber das Berühren der Figüren mit den Pfoten ist verboten. Denn sie gehören nur dem Mann, den sie lieben.

Schütze-Hähne

(23. November bis 21. Dezember)

Schütze-Hähne wollen die Welt erobern. Sie lieben das Abenteuer und das Reisen. Risiken nehmen sie in Kauf. Ihre Absicherung besteht in einem wachen Geist, der auch in Sackgassen noch einen Ausweg findet. Oft bringen sie Ruhm und Geld nach Hause zurück, manchmal auch nur Erfahrungen für die Zukunft.

Schütze-Hähne sind lebhaft und aufgeschlossen für alles Schöne. Sie sind Entdecker-Typen, die hinter fast jedes Geheimnis kommen. Obrigkeitsdenken ist ihnen fremd, sie ducken sich nur, um durch eine verbotene Türe zu gelangen. Ihr Stolz läßt nicht zu, daß sich jemand über sie erhaben fühlt.

So gesehen sind sie die Schwierigen im Berufsleben. Man gebe ihnen beizeiten Verantwortung, damit sie sich selbständiger fühlen können. Als Buchhalter auf Zahlen herumzureiten, liegt ihnen kaum. Schütze-Hähne haben Ideale, die sie sich durch nichts und von niemandem umstoßen lassen.

Auch in Jeans machen sie noch Figur. Es gibt keinen Schütze-Hahn, der nicht auf Haltung achtet. Er ist leger, aber penibel sauber. Das macht ihn so anziehend fürs andere Geschlecht.

Die Männer dieses Mischtyps schätzen Liebesromanzen mehr als feste Verhältnisse, in denen sie sich beengt fühlen. Ihr Freiheitsdrang scheut sogar noch vor der großen Liebe zurück. Sie sind wie Wildschützen, die mal auf dieses und mal auf jenes Reh zielen wollen. Für viele unter ihnen ist die Ehe der kapitale Bock, den man geschossen hat.

Trotzdem drängeln sich hübsche Mädchen nach der Schütze-Hähne Liebesgunst. So charmant wie diese sind nicht viele. Man trauert ihnen nach, wenn sie abhanden kamen, und ist nur zu gern bereit, noch einmal mit ihnen anzubandeln. Haben sie eine Frau mit viel Verständnis für die ganz besonderen Anlagen eines Schütze-Hahns gefunden, werden sie recht passable Ehemänner und Familienväter. Aber so ganz sicher sollte man ihrer nie sein.

Temperamentvoll ist auch die Schütze-Hahn-Frau in Sachen Liebe. Es ist eine Lust, mit ihr zu leben. Sie ist so lieb und sexy, daß man ihr gern zu Willen ist. Schütze-Hahn-Frauen haben ein eigenes Köpfchen, sie setzen sich durch. Ihre Offenheit ist berückend. Bei soviel Charme werden die stärksten Männer schwach. Diese schicken Sternenmischlinge lieben den Luxus, weshalb sie für Ehemänner nicht ganz billig kommen.

Steinbock-Hähne

(22. Dezember bis 19. Januar)

Aus gutem Grund fühlen sich Steinbock-Hähne ihren Mitmenschen gegenüber erhaben. Sie sind die reinsten Finanzgenies und wissen, wie man den Erfolg für sich pachtet. Sie bewahren selbst in Notzeiten Haltung und sorgen dafür, daß man schnell wieder auf einen grünen Zweig kommt.
Nur ungern lassen sich Steinbock-Hähne in die Karten schauen. Sie sind verschlossener als ihre Hahnengeschwister. Zielsicher visieren sie immer das Richtige an, weil sie auf dem Gebiet, das sie bearbeiten, als Fachleute einsame Spitze sind. Sie werden ihren Weg machen, auch wenn man ihnen noch so große Klötze zwischen die Beine wirft, was zuweilen vorkommt – Steinbock-Hähne haben viele Neider.
Sie sind nicht die Schnellsten im Lande, sicher aber mit die beharrlichsten. Ihre Ader für alles, was zu Geld wird, wurde schon erwähnt. Steinbock-Hähne kommen mit den Jahren zu stattlichen Bankkonten und zu Hausbesitz. Sie taktieren vorsichtig. Wenn sie es zu etwas gebracht haben, können sie sehr großzügig sein. Für arme Leute spenden sie viel, weil sie für den sozialen Ausgleich sind.
Trotz so vieler guter Eigenschaften stehen sie in der Beliebtheitsskala nicht gerade an der Spitze. Steinbock-Hähne offenbaren nur ungern ihr inneres Ich. Liebe offen zu zeigen, ließe ihr Stolz nicht zu. So zerflattert manche gute Gelegenheit.
Die Frauen aus diesem Zeichen schließen sich von Zeit zu Zeit von ihrer Umwelt ab. Dann wollen sie mit sich selber ins reine kommen. In der Liebe wägen sie viel und wagen doch sehr wenig, weil sie immer fürchten, sich etwas zu vergeben. Das läßt sie als Eisberge erscheinen. Nur bei dem richtigen Mann schmelzen sie dahin, aber auch das dauert etwas länger. Viele Männer bringen in solchem Verzögerungsfall nicht die rechte Geduld auf, nicht wissend, daß ihnen ein Schmuckstück entging. Steinbock-Hahn-Frauen sind die verständnisvollsten Ehefrauen, die fürsorglichsten Mütter. Die Familie bedeutet ihnen alles. Nur für sie arbeiten sie im Beruf weiter und lassen es doch nicht an den hausfraulichen Qualitäten fehlen.
Familienväter seltener Güte sind die Männer aus diesem Mischzeichen. Man sollte ihnen auch dann noch Vertrauen entgegenbringen, wenn sie tagelang den großen Schweiger spielen. Steinbock-Hahn-Männer tragen ihr Herz nie auf der Zunge. Wer mit ihnen lange Jahre verheiratet ist, weiß das.

Wassermann-Hähne

(21. Januar bis 19. Februar)

Man sollte Wassermann-Hähne auf ein Podest stellen und zu ihnen aufschauen. Dann sind sie die besten Partner unter den Hähnen, wenn auch nicht immer die zuverlässigsten. Zu oft stehen sie in Opposition, tun gerade das Gegenteil von dem, was man von ihnen erwartet.

Wassermann-Hähne legen sich bevorzugt mit Leuten an, die glauben, sie könnten ihnen befehlen. Obrigkeitsdenken meldet hier Fehlanzeige. Unter Zwang wird nichts gemacht, nur auf freiwilliger Basis. Da aber der Sachverstand der Wassermann-Hähne meist überdurchschnittlich entwickelt ist, braucht man sie und sieht tunlichst darüber hinweg, wenn sie revolutionäre Reden führen.

Hochgelobt können sie nämlich genausogut in Opposition zu jenen stehen, deren Lied sie bisher sangen. Wassermann-Hähne sind nicht pingelig, wenn es um den eigenen Vorteil geht. Überdies kann man ihnen konträre Meinungen nicht übelnehmen: Sie glauben immer das, was sie sagen, auch wenn es das Gegenteil von dem wäre, für das sie kurze Zeit vorher eingetreten waren.

Nun denke niemand, Wassermann-Hähne seien falsch und treulos. Sie beurteilen nur die Lage von Zeit zu Zeit anders, opponieren also gewissermaßen auch gegen sich selbst. Das macht sie nicht zu den besten Kollegen. Und auch ihre engsten Freunde werden nicht immer wissen, woran sie mit ihnen sind.

Die Liebe betrachten Wassermann-Hähne als freie Wildbahn, in der man sich das beste Stück aussuchen und für sich allein schießen kann. Vor allem bei den Männern aus diesem Zeichen kommt es zu vielen Probeschüssen, die nach der Ehe bei einigen in Wilddieberei ausarten. Man mag halt die munteren Rehlein so gern. Um der Wahrheit die Ehre zu geben: Solche Wilddiebe sind unterm Wassermann-Hahn in der Minderzahl. Das Gros der in diesem Mischzeichen geborenen Männer zählt zu den perfekten Ehemännern, die ihre Frauen auf Händen tragen.

Wassermann-Hahn-Frauen können ihren Stolz vergessen, wenn sie den Richtigen gefunden zu haben glauben. Über Schmeichel- und Streicheleinheiten werden sie ihm sogar hörig. Daran ändern auch nicht jene Gewitter, die in den besten Ehen vorkommen. Wassermann-Hahn-Frauen brauchen sie, weil sie Versöhnungsszenen lieben. Mancher Mann nutzt sich als Blitzableiter hochherrschaftlicher Launen leider zu leicht ab. Nur so kommt es, daß sich so viele Wassermann-Hahn-Frauen unverstanden fühlen.

Fische-Hähne

(20. Februar bis 20. März)

Nur wenn sie in die Enge getrieben werden, kämpfen Fische-Hähne mit scharfem Florett. Und sie werden siegen, weil sie alle Kniffe und Tricks beherrschen, einen Gegner zu zermürben und schließlich zur Kapitulation zu zwingen. Sie sind vor allem deshalb so gefährlich, weil man ihnen äußerlich nichts von jenem absoluten Siegeswillen ansieht.

Fische-Hähne träumen gern. Sie haben mehr Gefühl als andere Hähne und auch mehr Takt. Mit Höflichkeit kommen sie weiter als andere mit brutaler Gewalt. Man mag sie im Betrieb, man mag sie im Privatleben. In beiden Bereichen bringen sie es mit ihrer charmanten Art und ihrer nie verletzenden Offenheit sehr weit.

Obwohl Fische-Hähne aus der Haut fahren, wenn sie Ungerechtigkeit wittern, haben sie ganz gute Nerven. Selbst in scheinbar ausweglosen Situationen finden sie sich noch zurecht und winden sich heraus. Schon mancher Betrieb, der auf der Kippe stand, konnte von einem Fische-Hahn gerettet werden.

Bis zu einem gewissen Grade können gute Freunde diese Sternenmischlinge ausnützen. Sie sind freigebig und selbstlos. Dank schmeichelt ihrem Stolz, Falschheit bringt sie auf die Palme. Ein Freund, der sie belügt, ist bald abserviert.

Fische-Hahn-Männer suchen immer die Frau, die zu ihnen paßt. Sie legen strenge Maßstäbe an die Liebe und werden darum manchmal bitter enttäuscht. Die Frau ihrer Träume gibt es kaum als Einzelexemplar, man müßte sich schon einen Harem zulegen.

Bis der Fische-Hahn-Mann aus seiner Märchenwelt auf den Teppich zurückgeholt wird, vergeht einige Zeit, die auf Erfahrung abgebucht werden kann. Dann wird er meist mit einer glücklich, die in seinem ganz privaten Partnerschaftstest die höchste Punktzahl erhielt, wobei Gefühl und anschmiegsamer Sex in der Wertung höher eingeschätzt wurden als hausfrauliche Eigenschaften, die er durch eigenen Einsatz als Hobbykoch und Abtrockner vom Dienst wettmachen kann.

Auch Fische-Hahn-Frauen träumen gern, am liebsten von dem Märchenprinzen, der sie in sein Schloß entführt. Leider mußten in unserer nüchternen Zeit Märchenprinzen jenen rasanten Eroberertypen Platz machen, die auf zarten Gefühlen wie Elefanten im Porzellanladen herumzutrampeln pflegen. Fische-Hahn-Frauen sind leicht zu verletzen. Sie bräuchten den Mann, der sie wie ein zartes Pflänzchen hegt und pflegt und wuchernde Triebe zur rechten Zeit beschneidet.

犬

Der treue Hund

vom Widder bis zu den Fischen

Sind Sie nach der chinesischen Astrologie unter dem Zeichen des Hundes zur Welt gekommen? Dann müßten Sie in einem der nachstehend aufgeführten Jahre des Hundes geboren worden sein:

8.1.1886–23.1.1887
22.1.1898– 9.2.1899
10.2.1910–29.1.1911
7.2.1922–14.2.1923
14.2.1934– 4.2.1935
2.2.1946–21.1.1947
19.2.1958– 7.2.1959
6.2.1970–26.1.1971

Widder-Hunde

(21. März bis 20. April)

Widder-Hunde bewachen die ihnen Anvertrauten mit solcher Sorgfalt, daß sich diese von ihnen fast eingesperrt fühlen. Sie bellen oft, aber sie beißen kaum. Es muß schon ganz arg kommen, wenn sich ein Widder-Hund in einem Kampf auf Biegen und Brechen einläßt. Dafür ist er viel zu zivilisiert – ein Menschenfreund, der sich mit jedem vertragen wird, wenn man ihm sein Revier nicht streitig macht.

Widder-Hunde knien sich richtig hinein in die Arbeit. Sie wollen den Posten, den sie erwählten, im kleinsten Detail ausfüllen können. Wenn sie einen Fehler entdecken, rasten sie nicht eher, bis er richtiggestellt wurde. Wenn Widder-Hunde sich in etwas verbissen haben, kann die ganze übrige Arbeit Schimmel ansetzen; sie werden es nicht merken.

Sie können ein hartes und gerechtes Wort vertragen, aber es fällt ihnen schwer, ein Unrecht spontan zuzugeben. Widder-Hunde kuschen niemals. Sie geben auch nie auf. Kommt's gar zu schlimm, wechseln sie den Beruf oder ziehen in eine andere Stadt.

Menschen aus diesem Mischzeichen lachen gern, zur Not sogar mal über sich selbst. Aber von einem Augenblick zum anderen können sie auch tief traurig sein und über den Sinn des Daseins nachgrübeln. Bei keinem anderen Sternenmischling liegen höchste Freude und tiefste Traurigkeit so nahe beieinander.

Viele Widder-Hunde tun sich im Privatleben schwer, weil sie ein Mittelding zwischen Antipathie und Sympathie nicht kennen. Mit anderen Worten: Wen sie gefressen haben, der kann ihnen die süßesten Zuckerl schenken und Beweise freundschaftlicher Zuneigung geben – er wird die vorgefaßte Meinung nicht umstoßen können. Dagegen kann ein treuer Freund beinahe alles anstellen und wird doch immer noch ein gutes Wort des Widder-Hundes hören.

Widder-Hund-Damen sind anhänglich, aber auch besitzergreifend. Ihre mütterliche Art reicht für viele. Wen sie lieben, den betreuen sie mit letzter Hingabe. Schönster Zug: Sie können niemandem wehe tun. Treue fordern sie für Treue. Kein Mann ist schlecht beraten, der solch Musterexemplar holder Weiblichkeit für sich reserviert.

Die Männer aus diesem Mischzeichen haben Familiensinn. Sie benötigen sehr viel Liebe, um den Existenzkampf in der feindlichen Welt da draußen bestehen zu können. Nestwärme ist für sie von klein auf das Wichtigste, was man im Leben braucht. Man sieht es diesen scheinbar so harten Burschen kaum an, wie zartfühlend sie eigentlich sind.

Stier-Hunde

(21. April bis 20. Mai)

Fleiß, Ausdauer, Verständigungsbereitschaft und vor allem Treue sind die Tugenden der Stier-Hunde, die es gern allen recht machen wollen. Daß sie dabei auf Typen stoßen, denen nichts gut genug ist, stört sie wenig. Stier-Hunde wollen in der Hauptsache vor sich selbst bestehen können; was andere darüber denken, ist ihnen ziemlich egal.

Stier-Hunde arbeiten vergnüglich in den Tag hinein. Keine Arbeit ist ihnen zuviel. Sie mögen in manchem langsamer als die anderen schaffen, niemand aber kommt ihnen an Ausdauer gleich. Mit hartnäckiger Zielstrebigkeit bauen sie an ihrer Karriere. Ist ihnen der Aufstieg verwehrt, suchen sie den Ausgleich in einem vorbildlichen Familienleben.

Von Freunden verlangen Stier-Hunde viel, sie geben jedoch noch mehr. Sie sind kameradschaftlich, verachten aber jede Art von Kumpanei. Allen Lebensgenüssen sind sie zugetan, weshalb sie in späteren Jahren meist zur Fülle neigen. Und wenn sie auch zeitweilig vernünftig gegen das Übergewicht ankämpfen, finden sie immer wieder einen Grund, von Diät auf Völlerei umzuschalten.

Stier-Hunde erwarten von dem, den sie lieben, absolute Treue, aber sie ziehen diese immer wieder in Zweifel, weil Eifersucht eine ihrer wenigen schwachen Seiten ist. Sie sind herzensgut zu dem Partner, möchten ihn aber am liebsten einsperren, damit er nicht auch von anderen angelacht werden kann.

Diese krankhafte Eifersucht macht einer Stier-Hund-Frau vor allem viel zu schaffen, wenn sie sich einen lebenslustigen Mann erkor, der in Gesellschaft auch mal gern flirtet. Sie wird sich nichts anmerken lassen, ihm aber zu Hause eine bühnenreife Szene machen, so daß ihm beim nächsten Male der Appetit vergeht.

Stier-Hund-Frauen sind fürsorgliche Hausfrauen und Mütter. Sie lassen auf ihre Familie nichts kommen. In der Intimsphäre wirken sie manchmal leicht unterkühlt. Sie wollen täglich neu erobert werden.

Allzu leidenschaftlich ist auch der Stier-Hund-Mann nicht. Nach des Tages Hast und Mühen will er zunächst mal seine Ruhe haben. Nur allmählich taut er auf. Er liest gern gute Bücher und verschreibt sie der Gattin als Pflichtlektüre. Er möchte sich mit ihr darüber unterhalten können, damit der Gesprächsstoff in der Ehe nicht ausgeht. In schummrigen Stunden denkt er auch an Sex. Es liegt an der Gattin, die Schummerzeit zu erraten.

Zwillinge-Hunde

(21. Mai bis 21. Juni)

Voller Widersprüche stecken die Zwillinge-Hunde. Von einer Minute zur anderen können sie sich vom blendenden Gesellschafter in einen grüblerischen Nörgler verwandeln. Ihre Meinung ist zwiespältig. Entschlußkraft besitzen sie nur für den nächsten Augenblick. Zu oft bleiben sie dicht vor dem erwünschten Ziel stehen und fixieren ein neues an.

Daß Zwillinge-Hunde trotzdem sehr viel Erfolg im Leben haben, verdanken sie ihrem Verstand und ihrer Einfühlungsgabe in schwierigste Materie. Wenn die Finanzen stimmen, können sie sogar für längere Zeit an einem Ort und in einer Stellung festgehalten werden.

Das Geld lassen sie rollen und bringen es unter die Leute. Reichtümer sammeln sich dabei kaum an. Ihre Großzügigkeit triumphiert über jede Art übertriebener Sparsamkeit. Trotzdem gibt es unter den Zwillinge-Hunden manchen gerissenen Kaufmann, der dank seiner einmaligen Geschäftsmethoden das Geld nur so scheffelt und dann leicht großzügig sein kann.

Man sagt den Zwillinge-Hunden eine gewisse Kaltschnäuzigkeit nach, weil sie nichts umwerfen kann. In Wirklichkeit sind sie sehr gutmütig und in Maßen kameradschaftlich. Sogenannte Freunde haben sie viele, echte und dauerhafte kann man an einer Hand abzählen. Diese wissen, wie anhänglich ein Zwillinge-Hund ist.

In der Liebe ist er freilich ein wenig flatterhaft. Ihm gefallen zu viele, als daß er sich schnell entscheiden könnte. Im Wechsel versucht er das Glück oder bleibt monatelang allein.

Männer aus diesem Zeichen gewinnen mit ihrer sichtbar zur Schau gestellten zurückhaltenden Art der Mädchen Herzen. Sie sind Charmeure, die die Kunst des ausgedehnten Vorspiels beherrschen, möglicherweise aber kurz vor Erreichen des lockenden Lustgewinns adieu sagen. Und gerade diese unterkühlte Art macht manche Frau verrückt nach ihnen.

Wer ein abwechslungsreiches Leben liebt, heiratet einen solchen Herrn. Langweilig verspricht die Ehe mit einem Zwillinge-Hund kaum zu werden. Freilich sollte man nicht vergessen, ihm genügend Spielraum zu lassen für seine wechselnden Ziele. Dann kann er aus lauter Dankbarkeit sogar wie ein echter Hund treu sein.

So wild, wie sich das Zwillinge-Hund-Mädchen in jungen Jahren gebärdet, ist es in Wirklichkeit nicht. Wenn es sich erst einmal ausgetobt hat, ist es leicht zu zähmen. An der Seite eines verständnisvollen Gatten kann es sogar zur Muster-Ehefrau avancieren.

Krebs-Hunde

(22. Juni bis 22. Juli)

Bei Krebs-Hunden wird der Verstand oft vom Gefühl überspielt. Das macht sie anfälliger im Lebenskampf als alle anderen Sternenmischlinge. Bis zu einem gewissen Grade kann man sie ausnutzen, denn sie sind gutherzig und können niemandem ein Leid zufügen. Nur was zuviel ist, ist zuviel: Merken Krebs-Hunde, wie schamlos ihre Umgebung mit ihnen umspringt, ziehen sie sich in ihren ganz privaten Schmollwinkel zurück.

Im Berufsleben geht das nicht. Hier heißt es zur Arbeit erscheinen und gute Miene zum bösen Kollegen-Spiel machen. Das kostet Nerven, und die sind bei den Krebs-Hunden nicht allzu stark. Und so legt man sich aufs Sofa des Psychiaters und läßt sich was verschreiben – bis zum nächstenmal...

Man möchte meinen, daß es Krebs-Hunde bei solch labilem Nervenkostüm nie zu etwas bringen könnten. Weit gefehlt! Sie finden Gönner, die ihre stets gleichbleibende Arbeitsleistung schätzen und über den grünen Klee loben. Krebs-Hunde sind trotz ihrer ruhigen Art äußerst geschickt, wenn es darum geht, sich ins rechte Licht zu rücken.

Im privaten Bereich lassen sich die sonst so disziplinierten Krebs-Hunde manchmal gehen. Ihre Launen sind bekannt und gefürchtet. Hier wird aufgestauter Ärger abreagiert, nicht böswillig die Luft verpestet. Wer das nicht versteht, ist ein schlechter Menschenkenner.

Krebs-Hunde haben, abgesehen von ihren feinfühligen Nerven und ihren sporadisch auftretenden Launen, eigentlich nur gute Eigenschaften, die sie selbst dem größten Grobian liebenswert machen. Daß es trotzdem im intimen Bereich einmal schief läuft, daran sind nur die anderen schuld, die auf solch butterweichem Gemüt mit Nagelschuhen herumtrampeln.

Krebs-Hund-Männer sind die besten Ehepartner, die man sich denken kann. Sie turteln noch nach vielen Ehejahren mit dem Frauchen, dem es gelingt, Gefühl mit gleicher Münze zurückzuzahlen. Krebs-Hund-Männer brauchen eine Frau, die neben besagtem Gefühl auch eine Menge Aufmunterung für sie bereithält, die ihnen Mut macht, wenn's im Berufsleben mal nicht so lief, wie es sich die Krebs-Hunde wünschten.

Frauen aus diesem Zeichen sind sehr einfühlsam. Liebe ist für sie gleichbedeutend mit Aufopferung. Männer, die solche Krebs-Hündin heimführten, werden es bestätigen: Mehr Herz hat keine Frau. Wenn sie nur nicht so überempfindlich reagieren würde...

Löwe-Hunde

(23. Juli bis 23. August)

Streßgeplagt sind die Löwe-Hunde. Um zu glänzen, laden sie sich einfach zuviel auf und brechen dann gegebenenfalls zusammen. Sie wollen mit Macht im Leben vorankommen, denken dabei aber nicht an ihre zarte Gesundheit, die ihnen so manchen Streich spielen kann.
Trotzdem bleiben Löwe-Hunde stets karrierebewußt. Und sie werden die Erfolgsleiter trotz mancher Rückschläge erklimmen. Kommen sie auf dem geraden Weg nicht nach oben, wissen sie Schleichwege. Konkurrenten schrecken sie mit gewaltigem Wortschwall ab. Löwe-Hunde bellen mehr als andere Hunde, doch ihr Gekläffe ist nichts anderes als der Theaterdonner, der sich aufs hochverehrte zahlende Publikum entlädt. Nach Aktschluß prasselt Beifall von den Rängen, und der Löwe-Hund verbeugt sich.
Diese Sternenmischlinge brauchen den Beifall, um Leistung zu erbringen. Lob ist für sie Ansporn, Tadel dämpft ihren Eifer. Löwe-Hunde beginnen viel, vollenden aber nicht alles, was sie hochtrabend planten. Sie brauchen jemanden, der zu ihnen steht und ihnen im rechten Moment Mut macht oder sie an der Ehre packt.
Löwe-Hunde haben im Leben oft das Glück des Tüchtigen. Die Großzügigkeit des Löwen wird hier durch die sparsame Art des Hundes gebremst. So kommt Geld in die Kasse und wird angelegt in inflationssicheren Werten. Ganz schlecht kann es einem Löwe-Hund nie gehen, weil er beizeiten Rücklagen schaffte.
Wen Löwe-Hunde lieben, den lieben sie mit letzter Konsequenz. Frauen aus diesem Zeichen arbeiten kräftig an der Karriere des Mannes mit und legen den Kindern schon im Babyalter ein Sparkonto an. Die lieben Kleinen sind für sie die Besten, auch wenn es in der Schule nicht zu Einsern langt. Der Mann ist für die Löwe-Hund-Frau die Respektperson, um die sich alles drehen muß. Er ist der absolute Herr im Haus, aber wenn er klug ist, tut er das, was ihm seine Löwe-Hündin rät.
Männer aus diesem Mischzeichen spielen oft den wilden Mann, wenn es nicht nach ihrem Willen geht. Sie wollen verwöhnt werden, dann fressen sie einem aus der Hand. Auch sie lieben mit letzter Konsequenz. Man sollte sie nicht enttäuschen. Was sie anzieht, sind die Schmeichelkätzchen, die ihnen sanft um den Bart gehen und mit denen man sich sehen lassen kann.
Denn echte Löwe-Hunde geben gern ein wenig an.

Jungfrau-Hunde

(24. August bis 23. September)

Pingelig genau sind die Jungfrau-Hunde. Da muß ein Teil exakt neben dem anderen liegen. Wer die von ihnen gewollte Ordnung durchbricht, dem zeigen sie die Zähne. Das erleichtert das Zusammenleben mit ihnen nicht.
Jungfrau-Hunde nehmen es mit jedem an Verstand und Arbeitskraft auf. Wenn sie jemanden zur Seite schubsen wollen, helfen sie hintenherum gern ein wenig nach. Das hat nichts mit Falschheit zu tun, eher mit Selbstbehauptungswillen.
Von Zeit zu Zeit kapseln sie sich von ihrer Umwelt ab. Sie brauchen die Ruhe, um sich innerlich zu sammeln. In der Abgeschiedenheit entstehen jene durchdachten Pläne, die den guten Ruf der Jungfrau-Hund-Menschen begründeten. Das Beste daran: Man kann ihre Entwürfe unbesehen in die Tat umsetzen.
Jungfrau-Hunde haben keine Kontaktschwierigkeiten, aber sie bandeln nicht mit jedem an. Auch in der Liebe gehen sie methodisch vor, prüfen streng, bevor sie sich ewig binden. Mit leichten Flirts ist da nichts zu machen. Ein Bankkonto beeindruckt sie, gibt aber nicht den Ausschlag. Männer aus diesem Mischzeichen spielen bei Damen immer den Gentleman. Sie wirken distanziert, und gerade das schindet Eindruck. Wer dahinter Schüchternheit vermuten wollte, kennt die Jungfrau-Hunde nicht. Wenn's drauf ankommt, gehen sie ganz schön ran. Bis es soweit ist, muß die Herzdame freilich einige Prüfungen bestanden haben. Ein Jungfrau-Hund kauft nie die Katze im Sack.
In der Ehe mit solchem Sternenmischling geht es kaum allzu leidenschaftlich zu, aber die Partnerin kommt trotzdem auf ihre Kosten, wenn sie mit feurigem Temperament etwas nachhilft. Jungfrau-Hunde sind lernbegierig. Sie sind auch häuslich. Leider brechen ihre Kinder trotz aller Fürsorge manchmal schon früh aus der Familie aus – der Jungfrau-Hund handelt gern patriarchalisch und duldet keinen Widerspruch.
Die besten Mütter sind die unterm Jungfrau-Hund geborenen. Sie versorgen ihre „Kleinen" auch dann noch, wenn diese längst eine eigene Familie gegründet haben. Ihre Liebe ist unteilbar, weshalb sie als Schwiegermütter nicht immer die beste Figur machen. Auch dem Mann fehlt an ihrer Seite nichts. Er wird wie die Kinder bemuttert. Wer da behauptet, das sei gleichzusetzen mit „unter den Pantoffel gestellt", dem geht die Jungfrau-Hündin an den Kragen.

Waage-Hunde

(24. September bis 23. Oktober)

Das friedliche Zuhause der Waage-Hunde Welt. Sie kuscheln sich hinterm Ofen und genießen die Geborgenheit, wenn andere auf in den Kampf ziehen. Man muß sie lieben, aber ihren Versprechungen traue man nie.
Waage-Hunde können nicht nein sagen. Das fordert die Konflikte geradezu heraus, rückt diese im Grunde ehrlichen Sternenmischlinge in ein falsches Licht, läßt sie unzuverlässig erscheinen. Vieles können die Waage-Hunde mit ihrem sagenhaften diplomatischen Geschick wieder zurechtbiegen, alles nicht. Es bleibt ja immer etwas hängen.
Berufe, wo sie Leuten etwas beibringen können, sind bevorzugt. Auch ihre Fabulierkunst wäre zu nützen. Als Diplomat und als Hotelportier leisten sie Überdurchschnittliches, genauso im Sozialwesen. Alle Arbeiten, bei denen man sich die Finger schmutzig macht, sind bei diesen Sternenmischlingen kaum gefragt, was nicht gleichzusetzen wäre mit mangelndem Einsatz.
Waage-Hunde schaffen hart und ausdauernd. Sie brauchen, um neue Kraft zu tanken, die friedliche Entspannung daheim. Familienkrach senkt ihre Leistungsfähigkeit. Nur darum gehen Waage-Hunde manchmal vor die Hunde.
Sie haben keine übermäßig starken Nerven. Ihre Widerstandskraft gegen böswillige Anfeindungen ist begrenzt. Sie glauben noch an den guten Kern in jedem Menschen und können Enttäuschungen nur schwer verwinden.
Waage-Hunde tragen das Herz auf der Zunge, wenn sie Gutes zu berichten haben. Sie schweigen, wenn ihnen etwas nicht behagt. Ärger schlucken sie hinunter. Und das geht ihnen dann an die Nieren. Venus ist die Schutzpatronin dieses Zeichens. Sie gab den Waage-Hund-Menschen jene Ausstrahlung mit, die sie fürs andere Geschlecht so anziehend macht. Waage-Hunde bleiben nie lange allein. Für sie steht überall das Körbchen bereit, in dem sie sich wohlfühlen können.
Männer aus diesem Zeichen brauchen die fürsorgliche Frau, die sie mütterlich betreut. Sie sollte auch ein wenig von einem Beichtvater an sich haben: Waage-Hunde-Männer haben einigemale in einer Ehe etwas zu beichten, das nach großzügiger Verzeihung verlangt.
Anspruchsvoller als ihre männlichen Artgenossen sind die Waage-Hund-Frauen. Sie wollen zum Körbchen gewissermaßen das goldbestickte Kissen, auf dem man zu zweit träumen kann. Aber lieb sind sie auch und ständig bereit, dem Mann ihrer Wahl das Leben zu versüßen.

Skorpion-Hunde

(24. Oktober bis 22. November)

Der Wille der Skorpion-Hunde kann Berge versetzen. Niemand ist so zäh und ausdauernd, wenn es gilt, etwas mit letzter Konsequenz durchzufechten. Wenn man sie oder ihre Lieben angreift, werden sie bissig. Unter ihrem starken Schutz kann sich jeder in Sicherheit fühlen. Am Arbeitsplatz gehören sie zu den schweigsamen Typen, die private Angelegenheiten niemals breittreten. Klatsch macht sie rasend. Skorpion-Hunde gehören nicht zu den Kollegen, die sich durch Geschwätzigkeit Liebkind machen.

Sie zählen eher zu den schwierigen Leuten, die um der Wahrheit Willen auf die Barrikaden steigen. So mancher Chef bekam ihren Trotz zu spüren. Wenn Skorpion-Hunde selber den Chefstuhl errangen, dann gewiß nicht durch Katzbuckelei. Sie erreichen das lockende Ziel durch nimmermüde Anstrengungen, zur Not durch verbissenen Kampf bis zum letzten.

In der Liebe suchen sie den Partner, der mit ihnen durch dick und dünn geht. Einen wankelmütigen Charakter mögen sie nicht. Sex ist für sie eine selbstverständliche Sache, über die man nicht spricht. Nach außen zeigen sie Liebe nie, so daß mancher sie für leidenschaftslos halten könnte.

Haben Skorpion-Hund-Männer erst mal ein Lust-Ziel erkannt, steuern sie ohne viel Federlesens geradewegs darauf zu. Liebeserklärungen geraten bei ihnen meist daneben, aber interessierte Frauen hören aus des Skorpion-Hundes Anbandelworten die ehrliche Meinung heraus, und die überzeugt sie mehr als unverbindliches Süßholzraspeln. Über diesen Weg findet man zu einer Kampfgemeinschaft zusammen, die ein Leben lang hält. Mehr wollte der Skorpion-Hund-Mann ja auch nicht.

Enttäuschungen kann es eher bei seiner Artgenossin geben. Frauen aus diesem Zeichen sind genauso direkt, aber sie vergeben sich mehr, weil es auf dem Sektor Liebe eben doch noch nicht praktizierte Gleichberechtigung gibt. Wer die Skorpion-Hund-Frau im Sturm nimmt, hat möglicherweise schnell gewonnen, kostet den Sieg aus und zieht von hinnen. Und die Skorpion-Hündin ist um eine Erfahrung reicher.

Das muß nicht so sein. Viele Skorpion-Hündinnen finden den Mann fürs Leben auf den ersten Blick. Sie sind leidenschaftliche Partnerinnen, die für ihn sogar durchs Feuer gingen. Solche Musterfrauen verlangen zu Recht Gegenwerte, als da sind absolute Treue und Häuslichkeit. Junggesellen-Allüren sind am besten gleich an der Pforte zum Standesamt abzugeben.

Schütze-Hunde

(23. November bis 21. Dezember)

Mit Kraft und Elan schaffen Schütze-Hunde so ziemlich alles. Ihre Spritzigkeit ist bekannt. Wenn es darauf ankommt, rennen sie allen Mitbewerbern auf und davon. Nur manchmal trauen sie sich zuviel zu und machen vor dem Ziel schlapp. Dann verschreiben sie sich ein eisernes Konditionstraining und spurten beim nächsten Mal um so schneller. Schütze-Hunde verzagen nie.

Sie können sich trotz aller Ehrfurcht vor der Obrigkeit nur schwer unterordnen. Zwang macht sie krank. Ein gutes Wort spornt sie an. Sie sind kameradschaftlich und kollegial bis auf den einen Fall, bei dem es um ihre Karriere geht. Schütze-Hunde sagen jedem offen und ehrlich ihre Meinung, auch wenn diese gar nicht gefragt ist. Sie meinen es nie böse, aber vieles, was sie sagen, wird falsch ausgelegt.

Schütze-Hunde können in kritischen Situationen kaltblütig bleiben. Sie bringt selbst ein harter Schicksalsschlag nicht um. Ihren Freunden helfen sie gern aus der Patsche, ohne eine Gegenleistung dafür zu verlangen. Schütze-Hunde sind nicht berechnend, was sie geben, das kommt von Herzen.

Sie werfen sich stets hinein ins volle Menschenleben. Auch im Privaten ist ihnen Trubel lieber als ruhiges Dahindämmern hinterm heimischen Kamin. In hitzigen Diskussionen beweisen sie ihre Schlagfertigkeit, in heißen Flirts ihre Anbandelkunst.

Schütze-Hunde lieben die Natur. Sie gehen gern auf Wanderschaft, am liebsten mit einer Schar Gleichgesinnter. Als Sportler kämpfen sie verbissen um den Platz in der ersten Mannschaft; als Reservisten auf der Ersatzbank zu sitzen, würde ihrem Temperament widersprechen.

Auch in der Liebe spielen Schütze-Hunde die erste Geige. Männer aus diesem Zeichen haben Charme für viele, aber hier ist des Schützen Wankelmut durch des Hundes Treue erfreulicherweise gehemmt. Von allen Schützen ist der in einem Hundejahr geborene der beste Ehemann. Er wird auch leichter zahm. Nur sollte man ihn nie daheim versauern lassen. Was Schütze-Hund-Männer brauchen, ist die lebenslustige Gefährtin, die mit ihnen auf jedes Schützenfest geht.

Die Frauen aus diesem Zeichen sind ebenso blutvollem Leben zugewandt und werden an der Seite eines Partners glücklich, der ihre weltoffene Art bejaht. Sie stellen keine allzu hohen Ansprüche an ihn (zur Not verdienen sie sich selbst das, was sie für sich gebrauchen), aber lachen sollte er können. Ein Miesmacher an der Seite eines so temperamentvollen Geschöpfes? Nicht auszudenken!

Steinbock-Hunde

(22. Dezember bis 20. Januar)

Zunächst sind Steinbock-Hunde erst einmal Pessimisten. Sie sind verschlossen und in sich gekehrt. Der Ernst des Lebens wird von ihnen überbetont. Man kann sich auf sie verlassen.

Im Beruf übernehmen sich Steinbock-Hunde nur zu oft. Sie lassen sich jede Menge Arbeit aufpacken und merken später, daß sie überfordert sind. Aber da sie anderen nicht über den Weg trauen, hängen sie aus freien Stücken Überstunden an. Aufgaben, mit denen man sie betraut, führen sie mit letzter Konsequenz durch, und wenn für sie dabei nur ein anschließender Kuraufenthalt wegen körperlicher Überanstrengung herausspringt.

Steinbock-Hunde machen in dieser Hinsicht immer wieder den gleichen Fehler, obwohl sie einsehen, daß es eigentlich so mit ihnen nicht weitergeht. Geld ist für diese Berufspessimisten ein Sicherheitsfaktor, sie sammeln es wie andere Menschen Briefmarken. Doch wenn man ihre Arbeitsleistung betrachtet, sind sie trotz hohen Salärs meistens unterbezahlt.

Aus purem Zeitmangel kommt das Privatleben zu kurz. Partner finden darum die Steinbock-Hunde oft im engeren Berufsbereich oder über eine Heiratsanzeige. Bewerber werden zur Not per Computerbefragung getestet. Man ist wählerisch, aber kein allzu großer Menschenkenner. Und darum fällt man in diesem Zeichen manchmal herein. Partnerschaft kann eben doch nicht auf geschäftlicher Basis ausgelotet werden.

Trotzdem gibt es eine Menge Steinbock-Hunde, die aus Liebe heiraten. Ihre zurückhaltende Art schindet Eindruck beim anderen Geschlecht und macht sie interessant. Schon mancher Steinbock-Hund-Mann wurde „Opfer" jener Liebe auf den ersten Blick, die auf Gegenseitigkeit beruht. Als Ehemann ist er treu – am besten, er fände eine Frau, die ihn nach des Tages Hast und Mühen aufheitert, die seinem Pessimismus einen um so größeren Optimismus entgegensetzt.

Auch die Frauen aus diesem Zeichen wollen aufgeheitert werden. Sie sind die perfektesten Hausfrauen, aber möglicherweise regen sie den teuren Gatten mit ihrer übertriebenen Ordnungsliebe auf. Da muß alles an seinem Platz stehen, darf kein Stäubchen zu entdecken sein. Man sollte nie mit ihnen spielen; auch in der Liebe wollen die Damen mit den guten Herzen mit Ernst bei der Sache sein. Ein Mann, der das zu schätzen weiß, hat mit seiner Steinbock-Hund-Frau das große Los gezogen.

Wassermann-Hunde

(21. Januar bis 19. Februar)

Hinter der geringsten Unstimmigkeit wittern Wassermann-Hunde einen persönlichen Angriff. Ihr Argwohn macht selbst vor dem geliebten Partner nicht halt. Da sie Unrecht schnell einsehen, biegen sie manches wieder zurecht, was durch eigene Schuld verbogen wurde.
Wassermann-Hunde sind immer intelligent. Ihr Rat ist gefragt, ihre Tatkraft reißt andere mit. Hier paart sich das handwerklich Künstlerische mit dem verstandesmäßig Nützlichen. Wassermann-Hunde haben große Chancen, ganz nach vorn zu stoßen.
Auch sie brauchen Pausen, in denen sie sich zur inneren Sammlung von der Umwelt zurückziehen. Wassermann-Hunde sind immer ihre eigenen Beichtväter; es liegt ihnen nicht, ihr Inneres vor anderen auszubreiten. Sie sind die Selfmademen unter den Sternenmischlingen, die nur sich selbst verantwortlich sind.
Obwohl sie sich im allgemeinen sehr zurückhalten, lieben sie Gesellschaften, in denen sie der Mittelpunkt sind. Sie können charmant plaudern, aber nur in Maßen zuhören. Manches Gehörte verarbeiten sie erst später und setzen es dann in ihrem Sinne um. Da kann durch eine bloße Komma-Verschiebung Mißstimmung aufkommen. Wassermann-Hunde, sowieso emotional geladen, ärgern sich manchmal über ungelegte Eier.
Männer aus diesem Zeichen sind im Privatleben die reinsten Forscher. Sie nehmen die Liebe wissenschaftlich und legen Statistiken über ihre Freundinnen an. Deren gute Eigenschaften werden mosaikartig zur Idealfrau zusammengesetzt, die es, wenn überhaupt, nur in einigen wenigen Exemplaren auf dieser Welt gibt. Jetzt kann man verstehen, warum mancher Wassermann-Hund so abfällig über das weibliche Geschlecht spricht – sich selbst hält der Überhebliche ja für die Krone der Schöpfung! Daß es trotzdem viele gute Ehemänner aus diesem Mischzeichen gibt, hat mit der oft späten Einsicht zu tun, daß auch die Wissenschaft Lücken hat und Statistiken so oder so ausgelegt werden können.
Hilfsbereit bis zum äußersten ist die Wassermann-Hund-Frau. Sie opfert sich für ihre Familie auf und will keinen Dank, um sich dann aber vorzubehalten, über die Undankbaren zu lästern. Irgendwie braucht sie von Zeit zu Zeit Ehekrach, damit sich die Liebe regenerieren kann. Sie meint es nie böse, ihr Temperament schießt nur manchmal übers Ziel hinaus. Dabei kann sie die sanftmütigste von allen sein...

Fische-Hunde

(20. Februar bis 20. März)

Bevor sich Fische-Hunde streiten, sagen sie lieber zu allem ja und amen. Sie können keiner Fliege etwas zuleide tun. Am liebsten träumen sie in den Tag hinein und lassen den lieben Gott einen guten Mann sein.
Mit ihrer Durchsetzungskraft wäre es nicht sehr weit her, wenn sie nicht soviel Pflichtbewußtsein hätten. Das läßt sie Arbeiten vollenden auch gegen den Widerstand böswilliger Gegner. Da mischt natürlich eine gesunde Portion Sturheit mit und nebenbei der Wille nach Sicherheit. Kann es verwundern, daß es viele Fische-Hunde trotz ihrer sprichwörtlichen Bescheidenheit im Leben oft sehr weit bringen?
Ihre Uneigennützigkeit schafft ihnen viele Freunde, deren Kreis sie freilich bewußt einengen, um nicht die Übersicht zu verlieren. Fische-Hunde sind treu auf Gegenseitigkeit. Wittern sie Falschheit, ziehen sie sich enttäuscht zurück.
Fische-Hunde sind anschmiegsam. Man sollte sie öfters mal streicheln, dann beginnen sie wie Schmusekatzen zu schnurren. Sie brauchen einen Partner, der ihnen Mut macht. Fische-Hunde glauben noch an Wunder. Das größte ist für sie die Liebe.
Männer aus diesem Zeichen sind galante Liebhaber, die sich nicht lange bitten lassen, wenn ein roter Mund ihnen lacht. Sie werden auch treusorgende Ehemänner mit sehr viel Sinn für blaue Stunden. Nur hier und da sind sie mal mürrisch und verschlossen; dann wälzen sie große Probleme und brauchen Ruhe vom Liebesalltag. Wer Verständnis dafür aufbringt, hat bei ihnen gewonnen.
Nicht allzu robust sind die Fische-Hund-Frauen. Die kleinste psychische Störung kann sie umwerfen. Sie brauchen den behutsamen Freund, der ihnen die Sorgen tragen hilft. Er sollte auch mit ihnen träumen im Wolkenkuckucksheim oder im rosa Salon. Ein bißchen Sentimentalität könnte nichts schaden.
Fische-Hunde sind liebenswerte Menschenkinder, denen man eigentlich nichts krumm nehmen kann. Sie reagieren auf Freundlichkeit wachsweich. Kummer macht sie untröstlich und läßt sie im schlimmsten Fall zur Flasche greifen. Sie sind nicht die besten Menschenkenner, weshalb sie immer wieder auf Verführer hereinfallen. Dabei könnten sie die besten unter allen Sternenmischlingen sein, wenn sie nur jemand fänden, der ihre vielen guten Anlagen zum Tragen brächte...

猪

Das ehrliche Schwein

vom Widder bis zu den Fischen

Sind Sie nach der chinesischen Astrologie unter dem Zeichen des Schweines zur Welt gekommen? Dann müßten Sie in einem der nachstehend aufgeführten Jahre des Schweines geboren worden sein:

24.1.1887–11.2.1888
10.2.1899–30.1.1900
30.1.1911–17.2.1912
15.2.1923– 4.2.1924
5.2.1935–23.1.1936
22.1.1947– 9.2.1948
8.2.1959–27.1.1960
27.1.1971–18.2.1972

Widder-Schweine

(21. März bis 20. April)

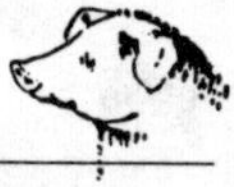

Herzlich, aber bestimmt – das ist die Art der Widder-Schweine. Sie setzen sich eher durch als andere Schweine und kommen im Leben auch schneller zu Ruhm und Reichtum, und das ganz ohne Ellenbogen.
So leicht lassen sich Widder-Schweine nicht von einmal als richtig Erkanntem abbringen. Man könnte sie stur nennen, wenn nicht stets die freundliche Verpackung hinzukäme: Ein Widder-Schwein verkauft sich mit soviel fröhlicher Herzlichkeit, daß man ihm gern einige unschöne Kerben in seinem Charakter nachsieht.
Widder-Schweine arbeiten ruhig, aber zielbewußt. Sie können, wenn es ums Ganze geht, auch kämpfen. Man mag sie wegen ihrer Gutmütigkeit. Schicksalschläge nehmen sie gelassen hin. Sie finden immer den Ausweg aus einer prekären Lage, sie haben den siebten Sinn für gute Geschäfte. Lügen haben bei ihnen kurze Beine. Widder-Schweine wollen jedem Mitmenschen in die Augen schauen können. Wer bei ihnen falsch spielt, hat nichts zu lachen.
So werden Widder-Schweine ihren Weg machen. Gönner brauchen sie nicht, weil sie aus eigener Kraft alles leicht selber schaffen. Die Ideen sprühen nur so aus ihnen heraus. Viele von ihnen leisten vor allem auf künstlerischem Gebiet Großes.
Widder-Schweine sind auf jeden Fall Lebenskünstler, die privat viele Freunde finden. Männer aus diesem Zeichen sind in der Liebe Draufgänger, die schon wenige Stunden nach dem Kennenlernen die erste Liebeserklärung machen. Der Heiratsantrag läßt kaum länger auf sich warten. Sie gehören zur schnellen Truppe in Sachen Sex. Weist man sie ab, bleiben sie gut Freund und tun so, als sei eigentlich nichts gewesen. Widder-Schweine vergessen schnell Unliebsames. In der Ehe sind sie übrigens Mustergatten mit allen Vor- und Nachteilen.
Auch Widder-Schwein-Mädchen verlieben sich schnell. Ihre unbekümmerte Art findet viele Liebhaber, läßt aber auch manche Enttäuschung zu. Frauen aus diesem Zeichen macht die Liebe manchmal blind. Werden ihnen dann die Augen geöffnet, stehen sie fassungslos vor der Erkenntnis, daß außer Spesen nichts gewesen ist. Aber sie geben nicht auf, bis sie endlich den Mann fürs Leben gefunden haben, dem sie eine nicht eben sparsame, aber doch treue Ehefrau sein können.
Widder-Schweine sind häuslich und kinderlieb. Wer sie für sich gewann, hat – Schwein gehabt.

Stier-Schweine

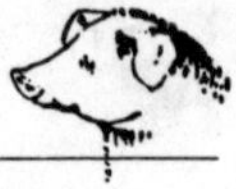

(21. April bis 20. Mai)

Wortlos können Stier-Schweine handeln, während andere noch beim Planen sind. Sie sprechen nie viel, sie sind Menschen der Tat. Umwege machen sie nicht, sie kennen nur den einen Weg nach vorn. Leider verfangen sie sich deshalb manchmal in Hindernissen, die neidische Mitmenschen heimlich vor ihnen aufbauten. Das läßt sie im Stillen verzweifeln, aber sie rappeln sich immer wieder auf, um es denen zu zeigen, die ihnen übel mitspielten.
Im Grundzug ihres Charakters sind Stier-Schweine verträglich. Sie sind gute Kollegen und zuverlässige Mitarbeiter. Als Chefs setzen sie sich durch, lassen aber auch die Meinung anderer gelten. Man sollte Stier-Schweine nie herausfordern; dann sehen sie rot und kennen sich selbst nicht mehr. Wer sie in Ruhe schaffen läßt, hat von ihnen nichts zu fürchten.
Sie sind musisch veranlagt und putzen das eigene Heim zum Schmuckkästchen heraus. In dieser Beziehung können sie sogar mal das Geld zum Fenster hinauswerfen. Das sie aber neben ihrer musischen Ader auch den rechten Draht zum Geldverdienen besitzen, werden sie wegen allzu großen Leichtsinns kaum Schaden nehmen.
Es ist schwer, das Herz eines Stier-Schweins ganz zu erobern. Da bleibt manche Kammer unbenutzt oder für Liebhabereien reserviert. Liebe ist für diese Sternenmischlinge nur ein Teil der Glückseligkeit. Sie gehen nüchtern an die Dinge heran und werden darum weniger enttäuscht als manche ihrer Sternengeschwister.
Stier-Schwein-Männer wollen in der Ehe das Sagen haben. Ein Blick aus ihren treuen Augen genügt, um das Eheweib kuschen zu lassen. Viele Gespräche gibt es in dieser Ehe nicht, dafür um so mehr stumme Übereinkunft. Da Männer aus diesem Zeichen vorher jedes Wenn und Aber abwägen, fallen sie nur selten auf Frauen herein, die solch patriarchischem Kurs Paroli bieten. Dabei sind sie herzensgut zu ihren Lieben und lassen es an nichts fehlen. Ist das nicht genug, um das bißchen Selbständigkeit dafür zu opfern?
Frauen aus diesem Zeichen machen sich, wenn sie lieben, das Leben oft ein wenig schwer. Es bohrt so mancher Zweifel, ob man denn klug wählte. So kommt es oftmals zum Schlußpunkt, ehe ein Verhältnis richtig begann. Da Stier-Schwein-Frauen meist modisch gekleidete, schicke Persönchen sind, finden sie immer wieder einen, mit dem sie es versuchen. Sie bleiben nie ganz allein. Und wenn sie heiraten, wissen sie, daß sie versorgt sind – selbstverständlich auch mit Liebe...

Zwillinge-Schweine

(21. Mai bis 21. Juni)

Zwillinge-Schweine scheuen sich nicht, neue Wege zu gehen, geraten aber dadurch auch auf Abwege. Trotzdem braucht man keine Angst um sie zu haben: Letztendlich finden sie sich auch auf diesen zurecht.

Zwillinge-Schweine geben sich ungenierter als andere Schweine. Sie bewegen sich mit diplomatischem Geschick durchs Leben und fallen auch dann wieder auf die Füße, wenn sie unter sich den Boden fast verloren hatten. Solch Zwillinge-Schwein ist kaum umzubringen. Es kennt die Tricks, mit denen man Konkurrenten mattsetzen kann, um daraus für sich selbst Nutzen zu ziehen.

Irgendwann kommt zum Können bei diesen Sternenmischlingen auch die gesunde Portion Glück. Man gewinnt im Lotto oder erbt, und wenn das nicht klappt, bleibt immer noch die reiche Heirat, die Zwillinge-Schweine durchaus in ihre Pläne einbeziehen. Daß dabei die Liebe nicht zu kurz kommt, ist ein weiterer Glücksfall. Trotz ihres berechnenden Wesens behalten sich Zwillinge-Schweine immer viel romantisches Gefühl vor.

Männer aus diesem Zeichen lieben den Pendelverkehr. Ihr Herz hat Platz für mehrere. Sie können sich nur schwer entscheiden. Da die Auswahl groß ist, bleiben die Enttäuschungen gering. Selbst eine Scheidung läßt sie nicht verzagen – im Zwillinge-Schwein-Zeichen bleibt man nie lange allein. Paradox: Von allen Zwillingen sind die unter dem Schwein geborenen die treuesten Ehemänner, vielleicht vor allem darum, weil sie so friedfertig und freundlich sind und niemandem bewußt wehe tun können.

Zwillinge-Schwein-Frauen nehmen das Leben leicht. Sie beschäftigen sich nicht gern mit weltbewegenden Problemen. Flirt ist für sie ein Unterhaltungsspiel, das sie leidenschaftlich betreiben, Liebe der Brief mit sieben Siegeln, den man nur, wenn's unbedingt sein muß, öffnet. Diese reizenden Wesen, die so gern lachen, können bloß an der Seite eines fröhlichen Partners glücklich werden. Sie bleiben Kinder mit ihren Kindern, die sie zu toleranten Mitmenschen erziehen.

Wie alle Schweine können auch die unter den Zwillingen geborenen Streit und Mißgunst nicht ausstehen. Wo dicke Luft herrscht, nehmen sie sofort Reißaus. Dabei berücksichtigen sie nie, daß sie es vielleicht selbst waren, die Unruhe stifteten.

Zwillinge-Schweine machen immer alles mit Verstand. Im gegebenen Moment schalten sie aber auch ihr Herz ein. Und dann möchten wir den sehen, der ihnen widerstehen kann.

Krebs-Schweine

(22. Juni bis 22. Juli)

Man kann Krebs-Schweine sehr leicht verletzen, weshalb sie sich mehr zurückhalten als ihre vielleicht etwas dickfälligeren Artgenossen. Aber sie sind nett und zutraulich und hängen am Leben, das sie bis zur Neige auskosten.

Krebs-Schweine arbeiten viel und ausdauernd. Sie streben nach der Position, die ihnen ein Höchstmaß an Sicherheit gewährt. Mehr wollen sie eigentlich nicht. Man kann sich in jeder Weise auf sie verlassen.

Neben der Arbeit lieben sie den Müßiggang. Ihre Freizeit kosten sie aus. Sie lesen gern gute Bücher und lassen sich von ihnen in Traumwelten entführen. Jedes Krebs-Schwein braucht am Tag ein paar Minuten der Besinnung auf sich selbst.

Laute Partys sind diesen Sternenmischlingen ein Greuel. Sie lieben die leisen Freundschaften, in denen man sich wortlos versteht. Krebs-Schweine sind freigebig – wenn es aber um das eigene Wohl geht, können sie manchmal knickerig bis zum äußersten sein. Das klingt wie ein Gegensatz, ist aber nur ein Teil jenes erwähnten Sicherheitsstrebens.

Krebs-Schwein-Männer lassen sich so leicht nichts vormachen. Sie durchschauen ihre Mitmenschen auf den ersten Blick. Ihre Menschenkenntnis ist über jeden Zweifel erhaben. Wen sie nicht mögen, der taugt nichts oder hat sie irgendwann einmal, ohne es vielleicht selbst zu wollen, tödlich beleidigt.

Es ist schwer, mit diesen Männern klarzukommen. Das wissen die Mädchen, die mit ihnen anbandelten ebenso wie die Gattinnen, die mit ihnen den Schritt ins gemeinsame Leben wagten. Krebs-Schweine-Männer werden oft von Launen geplagt und können von einem zum anderen Augenblick ihre Meinung ändern. Schönster Zug an ihnen: Wenn sie ein Unrecht einsehen, gestehen sie es ein und machen es wieder gut. Sie sind kritisch, aber nicht unverträglich.

Dasselbe wäre von der Krebs-Schwein-Frau zu sagen. Ihr Charakter ist noch weicher, aber auch anpassungsfähiger. Sie schenkt ihr Vertrauen jedem, der sie lieb und nett behandelt. Nur zu spät erkennt sie manchmal, daß Männer ganz bestimmte Absichten hegen, wenn sie anbandeln. Und das macht diese zarte Blume traurig, sie läßt das Köpfchen hängen. Gefühl ist bei ihr alles. Man sollte, vor allem als Ehemann, sorgsam damit umgehen, dann ist die Krebs-Schwein-Frau der beste Lebenskamerad, den man sich denken kann.

Löwe-Schweine

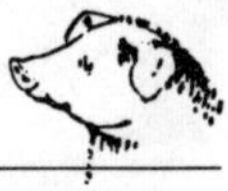

(23. Juli bis 23. August)

In allen Lebenslagen finden sich Löwe-Schweine zurecht. Sie scheinen das Glück für sich gepachtet zu haben. Ihrer Karriere steht eigentlich nichts im Wege. Man mag sie.
Mit Schwung gehen sie an die Arbeit heran, reißen jeden mit. Sie geben nie auf. Jeder setzt auf sie und ihren Optimismus. Chefs geben ihnen Vertrauensstellungen, Kollegen macht es nicht aus, wenn sie solche Vorgesetzte haben. Es gibt nichts, was Löwe-Schweine nicht werden könnten. Sie leisten in jedem Bereich Überdurchschnittliches.
Löwe-Schweine kommen immer zu Geld und festen Werten. Kaum einer bleibt in bescheidenen Verhältnissen. Das Erfreuliche daran ist, daß es fast alle aus eigener Kraft schafften, oben mitzumischen. Was macht's, daß auch das Glück im Spiele war!
Diese Sternenmischlinge sind großzügig und opferbereit. Sie übersehen nicht den Bettler am Wege und schon gar nicht den Freund, der sie braucht. Caritas kommt bei ihnen von Herzen.
Bei aller Hilfsbereitschaft sind Löwe-Schweine durchaus Egoisten. Sie sind genußsüchtig und schießen in dieser Hinsicht gern übers Ziel hinaus. Ein opulentes Festmahl läßt sie alles um sich herum vergessen. Sie neigen mit anderen Worten zur Völlerei, die sie leicht ins Übergewicht bringt. Da sie vernünftig sind, verschreiben sie sich von Zeit zu Zeit eine Hungerkur, um danach noch unvernünftiger dem Wohlleben und den leiblichen Genüssen zuzusprechen. Wenn es sie beruhigt: Nicht alle Löwe-Schweine werden am Ende rund und fett.
Beim Anbandeln ist das Löwe-Schwein vorsichtiger. Nicht, daß es prüde wäre – es will nur nicht irgendwen an seine Seite holen, man muß ihn auch herzeigen können.
Männer aus diesem Zeichen heiraten meist nur echte Damen oder das, was sie dafür halten. Für sie ist Liebe mit Schönheit verbunden; fehlt es an der äußeren, muß wenigstens die innere intakt sein. Ohne Gefühl geht aber auch hier nichts, und darum heiraten Löwe-Schweine mehr Aschenputtel, als man nach dem eben Gesagten eigentlich annehmen möchte.
Die Löwe-Schwein-Frau liebt den ritterlichen Mann, der ihr jeden Wunsch von den Augen abliest und, wenn das Kleingeld reicht, auch erfüllt. Sie dankt es ihm durch nimmermüde Liebe und durch einen Hausstand, in dem alles blinkt und blitzt.

Jungfrau-Schweine

(24. August bis 23. September)

Vom Pfad der Tugend abzuweichen, käme für Jungfrau-Schweine einer Katastrophe gleich. Sie sehen stets auf ein tadelloses Äußeres, aber auch auf innere Haltung. Menschen, die sich dem Leichtsinn verschrieben haben, strafen sie mit Verachtung. Manch einer mag sie für rechte Pedanten halten und für Pessimisten obendrein.

Obwohl Jungfrau-Schweine im Beruf gute Positionen erreichen, bleiben sie bescheiden. Sie drängen sich nicht nach Ruhm und Ehre, dafür um so mehr nach Gut und Geld. Hier lassen sie Zielstrebigkeit erkennen, verbissenes Beharren und hartnäckiges Durchsetzungsvermögen. Und nur aus finanziellen, nicht aber aus ideellen Gründen lassen sie sich in die nächsthöhere Stellung loben.

Dieser Drang nach finanziellen Werten ist aus ihrem leidenschaftlichen Hang zur Sparsamkeit zu erklären. Ein Jungfrau-Schwein muß vor Urzeiten die Spardose erfunden haben. Sie wissen ja: Sparen hat nichts mit Knausern zu tun. Diese Sternenmischlinge sind sogar auf ihre Weise in Maßen großzügig, aber sie geben nicht einen Pfennig für Kinkerlitzchen aus.

Und so kommen sie mit der Zeit zu einem ansehnlichen Vermögen, auch wenn sie nicht über ein Super-Einkommen verfügen. Jungfrau-Schweine, die arm blieben, scheiterten meist an ihrem Familiensinn: Sie gaben das sauer Verdiente zum Wohle der Lieben aus. Womit ein weiterer Wesenszug der Jungfrau-Schweine beschrieben wäre.

Als Liebhaber sind Jungfrau-Schwein-Männer nicht unbedingt die stürmischsten. Sie mögen keine extravaganten Frauen, aber auch nicht das Heimchen am Herde. Was sie lieben ist die charakterfeste, tugendsame Partnerin, mit der man über alles sprechen kann. Findet man sie nicht, bleibt man lieber Junggeselle und spart, was man für eine Ehefrau auszugeben bereit war. Nur gut, daß es noch genügend kluge Frauen gibt, die bei solch anspruchsvollen Typen Eindruck schinden und von ihnen zum Standesamt geholt werden.

Auch die Frau aus diesem Zeichen stellt gewisse Ansprüche. Sie hat Moral und hält sich mehr zurück als ihre leichtsinnigeren Schwestern. Doch gerade die stolze Haltung der Jungfrau-Schwein-Frau macht manchen Mann verrückt nach ihr. So kommt es, daß diese kühlen Sternenmischlinge meist an ausgesprochen feurige Männer geraten, die aus purer Neugier die stramme Festung knacken wollten und dann ein Leben lang gefangen sind. Wer von ihnen ehrlich ist, wird zugeben müssen, daß er nicht das schlechteste Los zog.

Waage-Schweine

(24. September bis 23. Oktober)

Waage-Schweine können nicht nein sagen. Das bringt Schwierigkeiten mit sich. Man nutzt sie aus. Aber da sie von allen Sternenmischlingen die gutmütigsten sind, lassen sie sich im Grunde genommen gern ausnutzen. Und wenn's einmal zuviel wird, setzen sie ihr diplomatisches Geschick ein oder stellen sich schwerhörig.

Im rechten Moment zu schweigen ist ihre Stärke. Wenn sie reden, geben sie nur das zum besten, was sie gut ausschauen läßt. Kritik können sie von anderen nicht vertragen, üben aber insgeheim viel Selbstkritik. Waage-Schweine sind tolerant. Sie beurteilen die Mitmenschen nie nach dem ersten Eindruck.

Das macht sie für den Lehrberuf ebenso geeignet wie für den eines Richters. Unter den Anwälten, die einer gerechten Sache zum Sieg verhelfen, finden sich viele Waage-Schweine. Feinnervige Künstler wurden unter diesem Zeichen geboren und humorvolle Poeten.

Waage-Schweine sind wahrheitsliebend, was sie nicht hindert, manches Erlebte im nachhinein ein wenig auszuschmücken. Eigene Fehler ziehen sie ins Lächerliche und lenken so von ihnen ab. Ihre stets freundliche Art auch gegenüber Gegnern bringt diese in Rage, macht sie am Ende aber mundtot. Streit mögen Waage-Schweine nicht.

Zum Geld haben sie nur die eine Beziehung, daß sie es zum Leben brauchen. Dank ihres wachen Verstandes nehmen sie eine Menge ein, geben aber manchmal mehr davon aus: Haushalten ist nicht die stärkste Seite der Waage-Schweine, obwohl sie für sich und ihre eigenen Belange recht bescheidene Ansprüche stellen.

Männer aus diesem Zeichen können nicht allein bleiben. Sie lieben die Zweisamkeit mehr als Gruppenfreundschaften. Zum anderen Geschlecht finden sie schnell Kontakt, ziehen sich aber ebenso eilig zurück, wenn sie glauben, daß das Verhältnis nichts taugt. Obwohl man sonst über die Entschlußfreudigkeit der Waage-Schweine eher klagen kann, entschließen sich die Männer aus diesem Zeichen in Sachen Liebe und Ehe äußerst rasant. Ihre Partnerinnen können sich freuen: Sie eroberten einen Mustergatten mit kleinen Fehlern.

Harmonisch lebt sich's auch mit der Waage-Schwein-Frau, die gern schick gekleidet geht und den Männern leicht den Kopf verdreht. Sie ist ständig auf der Suche und tändelt probeweise hin und her, bis sie den Mann gefunden hat, den sie zum Standesamt schleppt. Trotz unschuldigen Getues weiß die Waage-Schwein-Frau nämlich immer, was sie will und was für sie nützlich ist.

Skorpion-Schweine

(24. Oktober bis 22. November)

Durch ihre unnachgiebige Geradlinigkeit verletzten Skorpion-Schweine ihre Mitmenschen nur zu oft. Sie beharren auf einmal gefaßten Beschlüssen mit einer Sturheit, die selbst ihre Freunde verzweifeln läßt. Im Beruf sind sie nicht unbedingt die besten Kollegen, weil sie boshaft genug sind, Fehler anderer im gegebenen Moment regelrecht anzuprangern. Man sollte Skorpion-Schweine nie zu arg tadeln, denn sie sinnen stets auf Rache, wenn man ihnen Übles antat. Irgendwann zahlen sie's zurück. Sie vergessen nichts.

Das Positive daran: Sie vergessen auch Gutes, das man ihnen tat, niemals. Haben sie Freundschaft geschlossen, halten sie selbst noch daran fest, wenn sie mal enttäuscht wurden. Sie bleiben auch der Firma treu, in der das Betriebsklima stimmt. Wie alle Schweine hassen sie Zank und Streit. Aber wenn es darauf ankommt, können sie ganz schön mitmischen und saugrob reagieren.

Sex-Abenteuern sind Skorpion-Schweine nicht abgeneigt. In jungen Jahren ist Sturm und Drang ihr Programm. Später weicht der Jugend Übermut einer gesetzten Bequemlichkeit, die mit steigender Körperfülle noch zunehmen kann. Aber bis dahin hat sich ein Skorpion-Schwein meist längst für einen einzigen Partner entschieden, der leibliche Genüsse mit den ehelichen Pflichten in Einklang zu bringen versteht.

Frauen aus diesem Zeichen machen den Männern viele Hoffnungen, die nur darauf harren, eines dieser lebhaften und sexbetonten Persönchen heimzuführen. Auch hier macht Hoffen und Harren manchen zum Narren. Skorpion-Schwein-Frauen sind gar nicht so leicht zu erobern. Ihre Flirtbereitschaft sollte als Kunstgenuß verstanden werden, nicht aber als ernstzunehmendes Angebot.

Skorpion-Schwein-Frauen testen den Mann auf Herz und Nieren, ehe sie ihn endgültig für sich erwählen. Finden sie nicht den Richtigen, bleiben sie lieber für sich. Eine Skorpion-Schwein-Frau kann ganz gut allein ihren Mann stehen.

Männer aus diesem Mischzeichen haben immer ein Späßchen parat, auch wenn es andere gar nicht hören wollen. Es gibt Frauen, die solch lustige Männer mögen. Wenn sie nichts krumm nehmen, haben sie beim Skorpion-Schwein-Mann schon gewonnen. Als Ehefrau sind sie sein unveräußerlicher Besitz, der mit allem Komfort ausgestattet, aber eifersüchtig gehütet wird.

Schütze-Schweine

(23. November bis 21. Dezember)

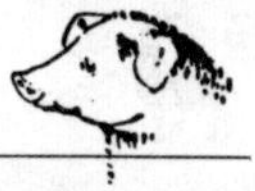

Wenn Schütze-Schweine ihr sanguinisches Temperament nicht zu Fehlschlüssen verleitet, werden sie vorwärtskommen. Denn sie sind rechte Intelligenzbestien. Leider läßt sie ihr Sarkasmus öfter mal anecken, und das schadet ihnen mehr, als sie glauben mögen.

Schütze-Schweine haben viele gute Pläne, die sie am liebsten gleich alle auf einmal ausführen möchten. Aber obwohl sie wie die Berserker arbeiten können, gelingt auch ihnen nicht, die Zeit still stehen zu lassen. Schütze-Schweine übernehmen sich oft, und nur darum bleiben manche von ihnen irgendwo unten hängen.

Können sie sich auf ein Ziel konzentrieren, haben sie gewonnen. Da gibt es kaum einen, der ihrer Intelligenz Gleichwertiges entgegensetzen könnte. Schütze-Schweine begreifen besser als andere und reagieren darum auch schneller.

Natürlich wissen sie um ihr Können und um das Talent, aus dem Nichts heraus Großes zu schaffen. Leider resultiert daraus manchmal jener Hang zu Arroganz und Besserwissen, der Schütze-Schweine unglaubwürdig erscheinen läßt. Abgesehen davon, daß sie besser sind als ihr Ruf, sollten sie gegen solche Anlagen in ihrer Nachtseele tapfer ankämpfen und lieber ihr wahres Gesicht zeigen: Sie sind durch und durch kameradschaftliche Typen, die mit ihrem Einsatz für die sozial Schwächeren Vorbilder für alle sind.

Des Schweines Familiensinn und des Schützen etwas oberflächlichere Art geben eine gute Mischung im zwischenmenschlichen Bereich ab. Hier ist der Schütze an die Kette gelegt und muß beizeiten Farbe bekennen, für wen er sich entscheiden will.

Schütze-Schwein-Männer sind häuslicher als ihre Schützenbrüder, sie begehen die gleichen Jugendtorheiten. Wenn sie sich aber binden, meinen sie es ernst und halten an dem Versprechen fest, das sie vor dem Standesamt gaben. Treue ist für sie ein ethischer Begriff auf Gegenseitigkeit.

Klug und häuslich sind auch die Frauen aus dem Schütze-Schwein-Zeichen. Sie sind charmant und sexy, nützen aber ihre Überlegenheit gegenüber denen, die sie lieben, nie aus. Sie schließen schnell Freundschaften, an denen sie oft ein Leben lang festhalten, auch wenn nichts „Ernstes“ daraus wurde.

Schütze-Schweine sind heiter und abgeklärt. Sie können keiner Fliege etwas zuleide tun. Nur Selbsterhaltungstrieb läßt sie manchmal zu Mitteln greifen, die sie eigentlich abgrundtief verabscheuen.

Steinbock-Schweine

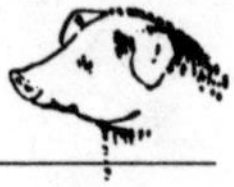

(22. Dezember bis 20. Januar)

Bevor Steinbock-Schweine jemand anderen an eine schwierige Sache lassen, machen sie sich lieber selbst ans Werk. Sie trauen niemandem, was ihnen manchen zum Feind macht. Ihre Ordnungsliebe ist größer als bei anderen Schweinen, aber es ist möglich, daß sie sich in der von ihnen geschaffenen Ordnung manchmal selbst nicht zurechtfinden.
Im Beruf sind Steinbock-Schweine Einzelgänger mit ungeheurem Fleiß. Am liebsten rissen sie alles an sich. Hilfsbereit nehmen sie den Kollegen die Arbeit ab, um dann hinterher über die Däumchendreher zu schimpfen. Wegen ihrer Gründlichkeit sind Steinbock-Schweine nicht die Schnellsten, aber sie fallen höherenorts immer im guten Sinne auf. Zur Not helfen sie auch ein wenig nach.
Steinbock-Schweine halten stets zu den sozial Schwachen, zu den von ihren Mitmenschen Vernachlässigten. Ihr Herz hat eine dicke Schwarte, hinter der ein weicher Kern sitzt. Zu den Großkopfeten haben sie kein Vertrauen. Sie träumen von einer Gesellschaftsordnung, in der alle Menschen gleich sind, schaffen sich aber für alle Fälle ein hübsches Bankkonto an.
Diese Sternenmischlinge haben immer etwas in der Hinterhand, sie sitzen nicht gern auf dem Trocknen. Bei aller Hilfsbereitschaft herrscht hier ein gesunder Egoismus vor. Wenn es ums Geld geht, kennen Steinbock-Schweine keinen Pardon – es muß auf die Sparkasse, von den Zinsen müßte man leben und wohltätig sein können.
Leichtsinnige Partner haben an der Seite der sittenstrengen Steinbock-Schweine nichts zu suchen. Sie werden als Verlust abgebucht. In diesem Zeichen bandelt man in jungen Jahren zwar gern an, aber vielfach kommt es nicht über eine kurze Liaison hinaus. Man will mit dem Partner an einem Strick ziehen können und prüft darum, ob außer Liebe noch weitere Gemeinsamkeiten vorhanden sind.
Männer aus diesem Zeichen haben viel Sinn für Häuslichkeit. Aber vor lauter Arbeit wird die Familiengründung immer wieder verschoben. Ein Steinbock-Schwein-Mann heiratet erst, wenn er Frau und Kinder auch ganz gewiß ernähren kann. Die Verantwortung drückt ihn schwer.
Nur wenig Zeit für die Liebe hat auch die Steinbock-Schwein-Frau. Zu sehr ist sie als Hausfrau um das Wohl ihrer Familie besorgt. Nach Feierabend führt sie noch das Haushaltsbuch, in das sie selbst Pfennigbeträge säuberlich einträgt. Der Mann mag warten. Zu den ehelichen Pflichten gehört eben auch ein wenig Bürokram.

Wassermann-Schweine

(21. Januar bis 19. Februar)

Wassermann-Schweine haben immer Erfolg, weil sie zielstrebiger sind als andere Schweine. Ihr wacher Verstand bewirkt stets das Richtige. Sie entscheiden sich nur dann für eine Sache, wenn sie daraus Nutzen ziehen können.

Damit wären die Weichen für den Beruf gestellt: Man macht den Wassermann-Schweinen nichts vor; es sind Alleskönner, die sich mit der schwierigsten Materie zurechtfinden. Und wenn sie in einer ganz bestimmten Angelegenheit nicht firm genug sind, mogeln sie sich eben durch, ohne negativ aufzufallen.

Wassermann-Schweine diskutieren gern. Sie vertreten ihre Meinung bis zum äußersten, weichen aber garantiert von ihr ab, wenn sie einsehen, daß sie unrecht hatten. Wassermann-Schweine sind klug genug zu wissen, daß sie sich nichts vergeben, wenn sie einen Fehler eingestehen. Sie opponieren oft, lenken aber ebenso gern ein. Hier ist das Revoluzzertum des Wassermanns durch des Schweines Gutmütigkeit sichtlich gehemmt. Wassermann-Schweine treibt die Abenteuerlust nur manchmal in die weite Welt hinaus. Wo es ihnen gefällt, werden sie schnell seßhaft und lassen sich dort selbst durch Super-Angebote kaum weglocken.

Die Männer aus diesem Zeichen eignen sich kaum zum Playboy. Sie mögen die frischen, unverdorbenen Mädchen vom Lande, Frauen ohne Schminke und kosmetische Trallalas. Ursprüngliche Natürlichkeit zieht sie an. Sie lieben das einfache Leben. Trotzdem wird es den Frauen an ihrer Seite nie langweilig. Dafür sorgen schon die Launen, die wechselnden Stimmungen. Aber man kann ihnen deshalb nicht böse sein. Ihr weiches Herz macht alles wieder gut.

Wassermann-Schwein-Frauen sind temperamentvoller als ihre männlichen Artgenossen. Ihre Launen haben Esprit. Sie verlieben sich auch öfter, vergeben sich aber nie etwas. Wassermann-Schwein-Frauen wissen immer, was sie tun. Sie sind fröhliche Menschenkinder, an deren Seite jeder Mann glücklich werden kann, Spießer ausgenommen.

Diese Sternenmischlinge, Frau oder Mann, haben nur die eine Moral, vor sich selbst bestehen zu können. Sie wollen in der Ehe unabhängig sein, gestehen aber auch dem Partner gewisse Freiheiten zu. Außer ihren Launen haben sie kaum sonstige Schwächen. Nur vor übermäßigem Genuß sollten sie sich hüten. Als echte Schweine könnten sie mit den Jahren Speck ansetzen und träge werden...

Fische-Schweine

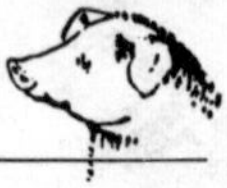

(20. Februar bis 20. März)

Fische-Schweine sind gar nicht so ohne. Sie treten ihrer Umwelt freundlich entgegen, setzen sich jedoch gerade damit durch. Ihr bescheidenes Wesen macht ihnen viele Freunde und Gönner. Sie träumen gern vom großen Glück, nehmen aber auch mit dem kleinen vorlieb. Sie beobachten, wie die anderen hasten und rennen, und handeln dann nach dem Wahlspruch: Immer mit der Ruhe!

Weil Fische-Schweine stets einen kühlen Kopf bewahren, haben sie ihren Mitmenschen einiges voraus. Sie erwecken Vertrauen im Beruf und in den zwischenmenschlichen Beziehungen. Man schätzt sie als Kollegen ebenso wie als Chefs. Sie packen nur da an, wo sie erfolgreich sein können, und reden nur dann mit, wenn sie die Materie beherrschen.

Fische-Schweine haben noch Ideale. Sie sind romantisch veranlagt und verachten jeden, der um des schnöden Mammons willen sich selbst verrät. Geld muß bei ihnen rollen. Sparkonten legen sie nur darum an, weil sie für alle Fälle abgesichert sein möchten.

In einem Punkt sind Fische-Schweine etwas leichtsinnig: Sie spielen für ihr Leben gern. Der Einsatz ist ihren Verhältnissen angepaßt, weshalb sich der Verlust in Grenzen hält. Meistens haben sie Glück, und dann können sie sich wie die Kinder freuen. Reich wurden sie auf diesem Wege kaum.

Spielen möchten Fische-Schweine auch in der Liebe. Fröhliche Partner sind bevorzugt. Solche, die wie Kletten an einem hängen, werden schnell zum Teufel gejagt. Gefühl ist bei ihnen alles. Enttäuschungen verwinden sie nur schwer.

Fische-Schwein-Männer können sich kaum schnell entscheiden. Die Liebe auf den ersten Blick fällt bei ihnen wegen Sehstörungen flach. Da sie stets die Idealfrau suchen, werden sie oft enttäuscht. Sie möchten am liebsten im siebenten Himmel schweben. Besser wäre freilich, sie bekämen eine Partnerin, die sie sanft von da oben herunterholt. Liebe allein macht noch nicht glücklich. Fische-Schwein-Männer brauchen die Frau, die ihnen ab und zu einmal auch gehörig die Leviten liest, wenn sie sich gar zu sehr in eine romantische Traumwelt verflüchtigen wollen.

Zu hart sollte man Fische-Schweine aber nicht anpacken, vor allem nicht die Frauen aus diesem Zeichen, die stets ein paar Tränen parat haben, wenn man zu arg mit ihnen umspringt. Männer mögen diese süßen Hascherln und wissen gar nicht, daß viele ihrer Tränen nur Mittel zum Zweck sind, den Heißgeliebten unter den Pantoffel zu zwingen.

Wer paßt zu wem?

Der große Partnerschaftstest nach Noten

Zum Schluß laden wir sie zu einem kleinen Gesellschaftsspiel ein, das alle 144 Sternenmischlinge aus der chinesisch-abendländischen Astrologie unter einen Hut bringt. Machen Sie mit uns den großen Partnerschaftstest nach Noten „Wer paßt zu wem?"!

Dazu haben wir drei Tabellen zusammengestellt, aus denen Sie durch einfaches Zusammenzählen die Zahl errechnen können, die für ein ganz bestimmtes Verhältnis steht. Auf den letzten Seiten können Sie dann leicht ablesen, ob diese Zahl für eine günstige oder für eine weniger günstige Partnerschaft spricht. Und so wird's gemacht:

Angenommen, Sie wollen wissen, wie gut ein Widder-Drache zu einer Löwe-Schlange paßt. Dazu brauchen Sie insgesamt vier Daten:

1. die Zahl für das Verhältnis Widder zu Löwe (wie aus Tabelle I zu ersehen ist: eine 6);
2. die Zahl für das Verhältnis Drache zu Schlange (in Tabelle II erhalten Sie hier ebenfalls die 6);
3. die Zahl für das Verhältnis Widder zu Schlange (aus Tabelle III ergibt sich eine 1);
4. die Zahl für das Verhältnis Drache zu Löwe (hier müssen Sie ebenfalls Tabelle III benutzen und erhalten dort eine 3).

Sie müssen also die Verhältnisse der einzelnen Stern- oder Tierzeichen untereinander aus den Tabellen ablesen, wobei die Zahl immer im Schnittpunkt der bestimmten Zeichen zu finden ist. Die vier Zahlen, die man dabei erhält, werden nun zusammengezählt (in unserem Beispiel also 6 + 6 + 1 + 3). Die Endsumme (in unserem Beispiel 16) ist dann die Zahl, die – wie bei den „Noten" abzulesen ist – aussagt, wie günstig es um das Partnerschaftsverhältnis bestellt ist (bei Widder-Drachen und Löwe-Schlange sieht es sehr gut aus).

Tabelle I	Widder	Stier	Zwillinge	Krebs	Löwe	Jungfrau
Widder	4	2	5	1	6	3
Stier	2	5	1	4	3	6
Zwillinge	5	1	5	3	4	2
Krebs	1	4	3	5	2	4
Löwe	6	3	4	2	5	1
Jungfrau	3	6	2	4	1	5
Waage	4	3	6	3	5	1
Skorpion	3	2	4	6	4	5
Schütze	6	5	3	1	6	2
Steinbock	2	6	1	5	3	6
Wassermann	5	1	6	2	2	4
Fische	1	4	2	6	1	3

Waage	Skorpion	Schütze	Steinbock	Wassermann	Fische	Tabelle I
4	3	6	2	5	1	Widder
3	2	5	6	1	4	Stier
6	4	3	1	6	2	Zwillinge
3	6	1	5	2	6	Krebs
5	4	6	3	2	1	Löwe
1	5	2	6	4	3	Jungfrau
4	2	5	1	6	2	Waage
2	1	3	4	1	6	Skorpion
5	3	1	2	4	4	Schütze
1	4	2	4	3	5	Steinbock
6	1	4	3	5	3	Wassermann
2	6	4	5	3	5	Fische

Tabelle II	Ratte	Büffel	Tiger	Hase	Drache	Schlange
Ratte	4	3	3	2	5	2
Büffel	3	4	1	5	2	6
Tiger	3	1	6	3	6	4
Hase	2	5	3	5	3	4
Drache	5	2	6	3	1	6
Schlange	2	6	4	4	6	1
Pferd	1	3	4	1	3	5
Ziege	1	1	2	6	5	3
Affe	6	2	1	4	4	5
Hahn	4	6	5	1	2	3
Hund	6	4	5	2	1	2
Schwein	5	5	2	6	4	1

Pferd	Ziege	Affe	Hahn	Hund	Schwein	Tabelle II
1	1	6	4	6	5	Ratte
3	1	2	6	4	5	Büffel
4	2	1	5	5	2	Tiger
1	6	4	1	2	6	Hase
3	5	4	2	1	4	Drache
5	3	5	3	2	1	Schlange
5	4	2	6	6	2	Pferd
4	4	3	2	5	6	Ziege
2	3	6	5	1	3	Affe
6	2	5	1	3	4	Hahn
6	5	1	3	4	3	Hund
2	6	3	4	3	1	Schwein

Tabelle III	Widder	Stier	Zwillinge	Krebs	Löwe	Jungfrau
Ratte	4	5	6	1	3	3
Büffel	3	4	5	6	2	1
Tiger	2	3	3	5	2	6
Hase	3	5	1	5	4	2
Drache	6	4	4	2	3	5
Schlange	1	3	2	3	4	2
Pferd	5	2	1	6	1	4
Ziege	1	1	5	3	6	4
Affe	4	1	4	2	5	6
Hahn	2	6	3	1	5	3
Hund	6	6	2	4	1	5
Schwein	5	2	6	4	6	1

Waage	Skorpion	Schütze	Steinbock	Wassermann	Fische	Tabelle III
6	5	2	2	4	1	Ratte
3	1	5	2	6	4	Büffel
1	4	1	4	5	6	Tiger
4	6	6	1	2	3	Hase
1	2	6	1	3	5	Drache
5	6	4	6	1	5	Schlange
3	3	5	4	6	2	Pferd
2	3	2	6	5	4	Ziege
5	2	3	3	1	6	Affe
6	4	1	5	4	2	Hahn
2	5	4	3	3	1	Hund
4	1	3	5	2	3	Schwein

Die Noten für Ihr ganz spezielles Partnerschaftsverhältnis

Nachstehend können Sie ablesen, wie günstig eine Partnerschaft ist, deren Endsumme Sie aus den drei Tabellen nach dem Beispiel im Kapitel „Wer paßt zu wem?“ errechneten. Hier sind nun die Noten, die für die jeweils möglichen Endsummen herauskommen:

22 – 24 Punkte: In dieser Partnerschaft fühlt man sich im siebten Himmel, der voller Geigen hängt. Man achte nur darauf, daß diese stets gut gestimmt sind, sonst könnten Dissonanzen entstehen und sogar am siebten Himmel mal Wolken aufziehen. Sie wissen ja: Das Beste kann leider nur schlechter werden.

19 – 21 Punkte: Hervorragendes Verhältnis, in dem kaum etwas schief gehen kann, weil sich beide Partner vorzüglich zu ergänzen scheinen. Es herrscht Gemeinsamkeit in fast allen Fragen. Schwierigkeiten können nur auf wenigen Interessengebieten entstehen; sie sind meist leicht zu meistern.

16 – 18 Punkte: Verständnisvolle Partner, die auch bei unterschiedlichen Meinungen stets den goldenen Mittelweg beschreiten werden. In dieser Verbindung hat man sich gesucht und gefunden. Ernste Streitigkeiten sind kaum zu erwarten. Hängt trotzdem mal der Haussegen schief, bemühen sie beide Partner sofort, ihn schleunigst wieder gerade zu hängen.

13 – 15 Punkte: Hier haben wir es mit dem sogenannten Normalfall zu tun, mit einem kameradschaftlichen Verhältnis, das auch durch größere Gegensätze nicht so leicht zu erschüttern ist. Man liebt sich und man neckt sich, und wenn's mal kracht, ist die Versöhnung um so schöner. Aus Statistiken ist abzulesen, daß Ehen mit einer solch mittleren Punktzahl am längsten halten.

10 – 12 Punkte: Gar nicht so schlechte Partnerschaft, in der man sich immer wieder zusammenrauft. In diesem Verhältnis sollte man sich gegenseitig ermuntern und versuchen, den anderen auch dann zu verstehen, wenn es schwer fällt. So schlecht stehen die Beziehungen zueinander nicht, daß nicht eine Verständigung leicht zu erzielen ist.

7 – 9 Punkte: Na, ja – klagen braucht man nicht bei solch niedriger Punktzahl. In diesem Verhältnis gibt es einige erbitterte Streitgespräche, über denen man aber immer wieder zueinanderfinden kann, wenn man gegenseitig den guten Willen dazu hat. Hauptsache, man tritt sich ehrlich gegenüber und versucht das Beste aus der Partnerschaft zu machen, die in vielen Fällen ja mit der großen Liebe begann.

4 – 6 Punkte: Schauen Sie erst einmal nach, ob Sie sich nicht verrechnet haben. Wenn nicht, sollten Sie sich ständig am Riemen reißen und versuchen, dem unterbenoteten Partner stets freundschaftlich gegenüberzutreten. Unter dem Sternenzelt gibt es kein Verhältnis, das nicht durch Eigeninitiative und guten Willen so zu verbessern wäre, daß man sich am Ende doch prächtig versteht.